Isabel Maurer

„Das Buch vom glücklichen Sein"

AF221914

Isabel Maurer

Das Buch vom glücklichen Sein

Ein Gedanken- Notiz- und Arbeitsbuch

Dieses Buch enthält Texte, Anleitungen, Bilder, Trainings,
Karten und Raum für eigene Gedanken

Und die Resultate des Glücks- und Zuversichtsbarometers 2019

Impressum

Bibliografische Information der Deutschen Nationalbibliothek:
Die Deutsche Nationalbibliothek verzeichnet diese Publikation in der
Deutschen Nationalbibliografie; detaillierte bibliografische Daten sind im
Internet über http://dnb.dnb.de abrufbar.

© 2022 Isabel Maurer / www.glücksbüro.ch

Lektorat: Nicole Maron, www.maron.ch
Hinweise zu Steinen: Maria Tramèr, www.steincreationen.ch

Herstellung und Verlag: BoD – Books on Demand, Norderstedt

ISBN: 9783756212118

Dieses Buch ist all jenen Menschen gewidmet, welche ihre Kraft – und Macht – ergreifen und ihre Einzigartigkeit erkennen. Aber vor allem ist es allen jungen Menschen gewidmet, welche ich damit ermutigen will, an sich zu glauben.

Inhaltsverzeichnis

1. Lass aus diesem Buch dein eigenes werden

Willkommen in meinem Buch, liebe Leserin, lieber Leser. Oder sollte ich sagen in unserem Buch? Denn während ich am Schreiben bin, bist du – auch wenn du noch gar nichts davon weisst – irgendwie schon da. Und wenn du das Buch dann in den Händen hältst, sind wir miteinander verbunden. Ich wünsche mir, dass dieses Buch auch zu deinem eigenen wird.

Doch zurück zum Anfang: Was hat mich dazu gebracht, dieses Buch zu schreiben? Gibt es nicht schon genug solche Bücher und wenn ja, weshalb machte ich mich trotzdem an die Arbeit? Ich hätte mich auch anderen Dingen widmen und meine Zeit mit anderen Tätigkeiten füllen können. Sind meine Gedanken interessant und will sie jemand lesen? Habe ich etwas zu sagen? Können es andere nicht besser? Diese Fragen gingen mir in den vergangenen Jahren durch den Kopf, wenn ich darüber nachdachte, meine Texte, Bilder und Gedanken in Buchform erscheinen zu lassen.

Ich nehme an, du kennst diese Gedanken – zum Teil jedenfalls – selber auch. Wir haben eine Idee und verwerfen sie gleich wieder. Wir empfinden uns als «zu wenig». Zu wenig spannend, zu wenig interessant, zu wenig kompetent, kurzum zu wenig wertvoll, um etwas zu tun oder uns etwas zuzutrauen. Und es beschleicht uns das bange Gefühl, es gebe immer noch jemanden, der oder die es besser kann als wir selber. Natürlich kann das sein, aber macht das etwas aus? Geht es im Leben denn darum, «besser» zu sein? Nein, so finde ich. Dies ist eine weitere Erkenntnis der letzten Jahre. Es geht nicht um «besser». Es geht um «auch» oder «zusätzlich», um «ebenbürtig» und schlussendlich um «wertvoll».

Mit dem Gedanken an «besser» bin ich ganz schnell im Wettbewerb, dabei, mich gedanklich mit jemandem zu messen, der – so weiss ich – vor allem in meinem Kopf existiert. Ich treffe eine Vorannahme, bevor ich mich überhaupt an etwas wage. Und dies, so finde ich, ist schade. Denn es hält uns meistens davon ab, unser Potenzial zu leben und zu entfalten. Unsere Einzigartigkeit und unsere Talente zum Strahlen zu bringen. «Asteya», eines der fünf Yamas des Yoga-Sutra des Patanjali, meint das „Nichtstehlen". Eine Interpretation davon kann auch heissen, dass es wichtig ist, unsere Fähigkeiten nicht vorzuenthalten, sondern an das Leben zurückzugeben, weil sie uns als Gaben geschenkt wurden. Und wenn wir sie vorenthalten und nicht zeigen, dann ist das eben wie eine Art zu stehlen. Dies war ein Ansporn für mich, dieses Buch zu schreiben, und ich freue mich jetzt schon mir vorzustellen, wie du nun daraus dein eigenes Buch gestaltest.

Die Vorurteile, die ich vor allem mir gegenüber habe, werden mit dem Älterwerden glücklicherweise immer kleiner. Und das macht mich recht zuversichtlich! Denn ich stelle fest, dass ich mich mit den Jahren immer mehr schätzen gelernt habe.

Und so geht es mir in der langjährigen Arbeit im Coaching von Erwachsenen. Ich beobachte dieses Gefühl, «zu wenig» von etwas zu haben, bei vielen Menschen. Auch bei solchen, bei denen ich es auf den ersten Blick nicht vermuten würde. Als

Aussenstehende, die diese Menschen auf einem Stück ihres Wegs begleitet, sehe ich, welcher Reichtum bei ihnen vorhanden ist, und wie sie manchmal von innen heraus leuchten, ohne es wahrzunehmen, oder noch zu sehr in einer Art erlernten Bescheidenheit verhaften. Meine Aufgabe als Coach ist, dieses «Vorhandensein» gemeinsam herauszuarbeiten und sichtbar zu machen.

Du wirst feststellen, dass ich zwischen der direkten Anrede von «du» und «wir» wechsle. Ich konnte mich nicht entscheiden, denn viel von dem, was ich schreibe und ich dir mitteilen will, sage ich gleichzeitig auch mir selbst. So ist es doch oft: Wenn eine Person etwas sagt, sagt sie es auch zu einem Teil sich selbst, indem sie sich beim Sprechen zuhört. Vielleicht geht es sogar genau darum, wer weiss …?

Eine meiner Fähigkeiten und Aufgaben ist es, einen wertvollen Rahmen zu schaffen, damit sich die Menschen, die ich begleite, entfalten können. Ich hoffe, dass mir das auch in diesem Buch gelingt. Ich lade meine KursteilnehmerInnen gerne dazu ein, etwas auch von einer anderen Seite zu betrachten, einen anderen Blickwinkel einzunehmen, einen anderen Standpunkt. Und dadurch ihren Horizont zu erweitern.

Das Lesen und Arbeiten mit diesem Buch soll dich erfreuen und dir Leichtigkeit und Lebendigkeit vermitteln. Und zu erkennen, wieviel du in der Hand hältst, um Dinge in deinem Leben zu verändern, deinen inneren Reichtum wahrzunehmen, Zugang zu deinen Gefühlen zu erlangen und diese auszudrücken. Du bist wertvoll und wichtig, sonst wärst du nicht hier, in diesem

Leben, auf dieser Erde. Du hast viele Möglichkeiten, deinen Weg zu gestalten. Es liegt an dir.

Deshalb habe ich immer wieder Fragen eingefügt, welche dich inspirieren sollen, leere Seiten, damit du Raum hast für deine Notizen und Gedanken, und am Ende des Buches findest du von mir gestaltete Karten – als Anregung.

Dass ich gerade im Jahr 2020 begonnen habe, dieses Buch zu schreiben, hatte bestimmt auch mit der damaligen Situation zu tun. Viele Leute waren und sind immer noch verunsichert und verängstigt. Ich manchmal auch. Angst lähmt und schwächt und lenkt uns von unserer Kraft weg hin zu Ohnmacht. Freude, Liebe und Unbeschwertheit dagegen stärken und machen Mut. Gerade in solchen Zeiten ist es wichtig, dass wir trotz allem zuversichtlich bleiben. *«Be the change you want to see in the world»* – *«Sei die Veränderung, die du in der Welt sehen willst»*. Dieser Satz von Gandhi fällt mir oft ein, wenn ich im Alltag unterwegs bin. Ich wünsche dir, dass er dich ebenfalls begleitet und dir Mut macht. Denn wir alle haben es in der Hand, die Welt zu gestalten und den Zugang zu unserem inneren Selbst, zu unseren Gefühlen zu finden und zu behalten.

Das Buch beginnt mit den Erlebnissen und Resultaten des Glücks- und Zuversichtsbarometers, das ich 2019 in Interviews erarbeitet habe. Dieses Projekt hat mich beflügelt und bestärkt, weiterzufahren und noch mehr Menschen davon zu berichten. Sie zu ermutigen und aufzufordern, darüber nachzudenken, was ihnen Freude macht und in welchen Situationen sie sich lebendig fühlen. Wenn der Fokus auf schöne Momente gerichtet wird, dann verändert sich unser Gefühl, unsere Körperhaltung und die Worte, die wir wählen.

Solltest du mir während oder nach dem Lesen des Buches etwas mitteilen wollen, Gedanken, Hinweise, Lieblingsmusik, Lieblingswitze, etc., dann freue ich mich über Post. Willst du bei der Umfrage des «Glücks- und Zuversichtsbarometers» mitmachen, kannst du mir gerne deine Antworten zuschicken.

Der Dank kommt zwar erst zum Schluss, und doch will ich jetzt schon erwähnen, dass ich jenen Menschen dankbar bin, die mich stärken, gern haben und zur Seite stehen im Leben. Und die mich dazu ermutigt haben, dieses Buch zu schreiben.

«Lege dir Sterne auf deinen Weg» – dies möchte ich dir als Gedanken mitgeben, bevor du in mein Buch eintauchst.

Und nun wünsche ich dir viel Freude beim Erschaffen!

Isabel Maurer, 19. Mai 2022

DEN INNEREN REICHTUM ENTDECKEN...

2. Vom glücklichen Sein – das «Glücksbarometer»

2.1. Wie ich dazu kam, ein Barometer zu erstellen

Jedes Jahr wird in der Schweiz ein Sorgenbarometer erstellt und anfangs Dezember veröffentlicht. Ich staunte immer wieder, welchen Stellenwert die Sorgen einnehmen – gerade bei uns, wo wir doch in Wohlstand leben. Deshalb nahm ich die Idee eines Radiomoderators auf, welcher im Dezember 2018 in einer Sendung fragte, weshalb man nicht ein Zuversichts- oder Glücksbarometer erstellen könne und wieso wir uns oft mehr mit Sorgen und Problemen als mit dem glücklichen Sein befassen.

Zuerst mailte ich dem Moderator, bedankte mich für diesen Hinweis und kündigte an, dass ich mich 2019 daran machen würde, ein Barometer zu erstellen, und ihm dann im Herbst zu erzählen, was ich erlebt habe. Er freute sich, mailte zurück und meinte, ich solle ihn auf dem Laufenden halten. So tat ich mich mit anderen Coaches zusammen, und gemeinsam begannen wir mit den Umfragen.

Unser Ziel war es, bis Ende November 2019 möglichst viele Menschen zu befragen, was sie zuversichtlich und glücklich macht. Wir wollten im Gegensatz zum Sorgenbarometer den Fokus auf das Vorhandene, Funktionierende und Positive legen. Tatsächlich schafften wir es, 300 Personen zu befragen! Dazu gingen wir auf die Strasse, in Schulklassen, in Arbeitsteams und den Gemeinderat, und befragten Menschen in unserem

Freundeskreis. Wir taten dies in unserer Freizeit, einfach aus Neugierde, was die Leute sagen würden – und natürlich auch, weil wir wissen, wieviel Kraft entsteht, wenn man sich auf positive Dinge konzentriert.

2.2. Was macht Sie glücklich?

Wenn wir die Menschen auf der Strasse ansprachen, waren sie zuerst erstaunt, manchmal zurückhaltend, aber wenn wir ihnen unser Anliegen erklärten, reagierten sie meist mit Interesse und Freude. Es waren auch für uns wertvolle Begegnungen.

Hier findest du die Antworten in gesammelter Form:

- Meine Familie, wenn meine Familienmitglieder glücklich sind (94)
- Freunde, mit Freunden zusammen sein (88)
- Gesundheit, gesund sein (70)
- In der Natur sein, im Wald, im Garten, den Garten pflegen, draussen sein (61)
- Die Kinder und Enkelkinder (40)
- Aufmerksam sein, achtsam und bewusst leben, die Sicht auf Positives lenken (35)
- Etwas Feines essen (31)
- Die Paarbeziehung (28)
- Zeit für mich haben, mich selbst verwirklichen (26)
- Bewegung und Sport (Joggen, Velofahren, Fussball, Basketball, Minigolf, etc.) (25)
- In einer guten finanziellen Situation leben (22)
- Begegnungen mit anderen Menschen (21)

- Ferien, Reisen (21)
- Eine erfüllende Arbeitsstelle haben, Anerkennung und Bestätigung erhalten (21)
- Sicherheit, sich frei bewegen können, in einem sicheren Land (wie der Schweiz) leben, ein gutes Gesundheitssystem haben (21)
- Humor, Lachen, Leichtigkeit (19)
- Geliebt werden, Liebe geben (18)
- Kreativ sein, Handwerk (16)
- Sonnenschein, schönes Wetter (15)
- Eine Arbeitsstelle haben (14)
- Geniessen, im Moment sein (14)
- Wenn etwas gut gelingt, Erfolg haben (11)
- Dankbarkeit (11)
- Musik hören, an Konzerte gehen (11)
- Freiwilligenarbeit, hilfsbereit sein, sich in einem Verein oder in einer Organisation engagieren (11)
- Selber etwas bewirken können (10)
- Freizeit (10)
- Die Freiheit, Dinge selber entscheiden zu können (10)
- Jemanden lächeln sehen, Kinderlachen (10)
- Unterwegs sein, Ausflüge machen mit dem Auto oder Zug (9)
- Jemandem ein Geschenk machen, Freude schenken (9)
- Tiere, Interaktion mit Tieren (9)
- Lesen, ein gutes Buch (9)
- Gemeinsame Erlebnisse (8)
- Etwas lernen, sich weiterentwickeln (8)
- Der Kaffee am Morgen (8)

- Aufmerksamkeit, Lob und Wertschätzung erhalten, als «der Mensch, der ich bin» akzeptiert werden, Toleranz leben und Toleranz erfahren (7)
- Spielen (6)
- Kochen, Backen (6)
- Musik machen (6)
- Spiritualität, Glaube (6)
- Pläne und Projekte verfolgen (5)
- Für andere sorgen, zum Glück von anderen beitragen (5)
- Wandern, in den Bergen sein (5)
- Meeresrauschen, am Meer sein (5)
- Eine Lehre, eine Ausbildung haben (4)
- Singen (4)
- Kultur, Theater, Kino (4)
- Freundlichkeit der Menschen (4)
- Tanzen (4)
- Eine schöne Wohnung, ein schönes Haus haben (4)
- Neues entdecken (3)
- Kindern zuschauen (3)
- Liebe für etwas aufbringen (3)
- Gelassenheit (3)
- Gute Einkaufsmöglichkeiten, alles ist nahe erreichbar, Gemüsemärkte mit regionalen Produkten (3)
- Yoga, Meditation (3)
- Zugehörigkeit, Heimat erleben, Heimkommen (2)
- Poesie, Zitate (2)
- Schöner Sex (2)
- Vertrauen (2)
- Im eigenen Haus wohnen können (2)
- Morgenspaziergänge (2)
- Im Flow sein (2)

- Dass es mich gibt (1)
- Wenn die Kinder gut schlafen (1)
- Texte schreiben (1)
- Mit dem Velo zur Arbeit fahren können (1)
- Die eigene Zufriedenheit an die Welt weitergeben (1)
- Wenn es regnet (1)
- Am Morgen den Tag begrüssen (1)
- Grosszügigkeit (1)
- Der Duft vom Sonntagszopf am Morgen (1)
- Etwas Schweres überlebt haben (1)
- Mit der Eisenbahn unterwegs sein (1)
- Trinkwasser aus dem Wasserhahn (1)
- Etwas umbauen, bauen (1)
- Feste feiern (1)
- Harmonie (1)
- Ein kaltes Bier (1)
- Barfuss im Gras (1)
- Putzen (1)
- Duschen (1)

2.3. Was Kinder und Jugendliche sagen

Kinder denken mit dem Herzen. Ich erlebte besonders beglückende Momente, wenn ich Kinder oder Jugendliche befragen konnte. Kinder sehen die Welt noch unbeschwerter, farbiger und unvoreingenommener als wir Erwachsenen. Sie sind leicht und beschwingt unterwegs und vor allem immer in Bewegung. Kennst du das Strahlen in Kinderaugen? Die Neugierde, wenn du mit einem Kind Draussen spazieren gehst? Das spielerische Sein und sich im Moment verlieren?

Doch was sagen Kinder zur Frage, was sie glücklich macht?

- «Ein Ausflug mit meinem Götti»
- «Wenn Benfica Lissabon gewinnt»
- «Keine Hausaufgaben»

Ein Junge von etwa vier Jahren sass neben seiner Mutter, als ich sie befragte. Anschliessend wandte ich mich ihm zu und fragte: «Und was macht dich glücklich?» Er schaute mit grossen, wachen Augen auf zu seiner Mutter, und ohne lange zu überlegen sagte er: «Mis Mami». Die Mutter war umarmte ihn und war ganz gerührt und ich natürlich auch.

Mein Wunsch war es von Anfang an, eine Schulklasse zu befragen. So besuchten wir im Sommer 2019 eine Oberstufen-Schulklasse im Nachbardorf Brittnau. Wir erklärten unser Vorhaben und stellten noch zwei zusätzliche Fragen, nämlich «Was findest du an deiner Klasse gut, was macht euch als Klasse speziell?» sowie «Was trägst du dazu bei, damit es in eurer Klasse gut läuft?».

Anschliessend befragten wir die Jugendlichen einzeln. Was uns auffiel war, dass es allen Befragten gelang, beim «Positiven» zu bleiben. Die Fragen wurden ernsthaft und mit viel Aufmerksamkeit beantwortet, und es wurde viel Gutes über die Klasse und über die Lehrerin gesagt. Es war eine Haltung von Toleranz und Wertschätzung spürbar.

Und hier die Resultate, gegliedert nach den Fragen.

Was macht dich glücklich/zufrieden, was bedeutet Glück für dich?

-Kolleginnen, Kollegen und Freunde (9)
-Familie, Verwandte (8)
-Sport, Basketball, Fussball, erfolgreich sein bei einem Match (6)
-Spielen, PC-Spiele (4)
-Frei haben (3)
-Wenn es mir gut geht, wenn ich fröhlich bin (3)
-Draussen sein (3)
-Sommer, schönes Wetter (3)
-Spielen mit kleineren Kindern (3)
-Etwas erreichen (2)
-Ferien (2)
-Werken, ein Handwerk machen (2)
-Ausschlafen (2)
-Jemandem helfen (2)
-Wenn ich eine Aufgabe schaffe (1)
-Dass ich arbeiten kann (1)
-Glück ist, wenn man denkt, es ist unmöglich und man es dann trotzdem schafft (1)
-Schwimmen (1)

-Fliegen (1)

-Glück ist, eine gute Note zu haben, wenn ich gelernt habe (1)

-Leute, die zu mir stehen (1)

-Aufwachen ohne Wecker (1)

-Glück ist, wenn ich entscheiden kann, mit wem ich zusammen sein will (1)

-Töffli fahren (1)

-Motivierte Menschen (1)

-Geliebt, gern gehabt werden (1)

-Kleider, neues Handy (1)

-Wenn ich Mut und Anstrengung aufbringe, z.B. um einen Vortrag zu halten oder mich vorzustellen (1)

-Wenn ich weiss, dass andere glücklich sind (1)

-Etwas für mich machen (1)

-Etwas erreichen (1)

-Ich komme gerne zur Schule (1)

-Essen (1)

-In den Seilpark gehen (1)

-Dasein für jemanden, der traurig ist (1)

Was findest du an deiner Klasse gut, was macht euch als Klasse speziell?

-Wir haben es lustig (9)

-Wir haben einen guten Zusammenhalt (8)

-Wir sind hilfsbereit (5)

-Wir sind humorvoll (4)

-Wir stehen hintereinander, sind füreinander da (3)

-Manchmal ist es auch etwas laut (3)

-Andere Länder, andere Kulturen kennenlernen, Verschiedenartigkeit. Im Hauswirtschaftsunterricht lernen wir auch Essen aus anderen Kulturen kennen (3)
-Höflichkeit (2)
-Zusammenarbeit (2)
-Wir haben es alle gut miteinander (2)
-Gute Klassenkameradinnen und Kameraden (1)
-Es ist nie langweilig (1)
-Kein Mobbing (1)
-Manchmal nervig (1)
-Knaben und Mädchen haben einen Zusammenhalt (1)
-Vertrauen in die MitschülerInnen (man kann alles erzählen) (1)
-Wir sind anders als andere, etwas Besonderes (1)
-Wir sind viele (1)
-Zusammen turnen (1)
-Herzlich, lebendig und aktiv (1)
-Sehr motiviert (1)
-Auch wenn wir einmal Streit haben, wir können es klären und nachher ist es wieder gut (1)
-Wir sind eine laute Klasse, aber wenn es ernst ist, dann können wir auch ruhig sein (1)
-Wir sind eine verrückte, aktive Klasse (1)
-Alle sind verschieden, das macht uns speziell (1)
-Wir haben zusammen mega viel Spass (1)
-Wir machen den Pausenkiosk (1)

Was sagt die Lehrerin zu dieser Frage:

-Es sind alles verschiedene Kinder
-Ich erlebe sie als spannende Klasse
-Sie sind sehr sensibel

-Sie wollen es «gut» machen
-Sie sind dankbar für Führung
-Sie nehmen viel auf
-Sie haben das Bedürfnis, «gern gehabt zu werden» (wie alle Menschen auch)

Was trägst du dazu bei, damit es in eurer Klasse gut läuft?

-Hilfsbereit (6)
-Ich halte zu den anderen, bin für andere da (4)
-Ich mache mit, denke mit (4)
-Ich bin oft ruhig (2)
-Es braucht jeden (1)
-Ich fühle mich wohl in der Klasse (1)
-Ich lerne (1)
-Ich höre zu, was die Lehrerin sagt (1)
-Ich muntere andere auf (1)
-Ich bin lustig und bringe andere zum Lachen (1)
-Ich bin nett zu anderen (1)
-Ich zeige Humor, lache, mache Spass (1)
-Ich setze mich für andere ein (1)
-Ich verstehe die anderen sehr gut, zeige Verständnis für sie (1)
-Wenn mir jemand etwas erzählt, behalte ich es für mich (1)
-Ich bin ein «Ehrenmann», und das sind die anderen auch (1)
-Ich behandle alle gleich gut, alle Menschen sind gleich (1)
-Ich bin tolerant (1)
-Ich sage auch mal «Stopp» (1)
-Ich trage zu Lösungen bei (1)
-Ich kann zuhören (1)
-Ich helfe für einen Kollegen beim Pausenkiosk aus (1)
-Ich mische mich nicht ein und bleibe ruhig (1)

-Ich kann meine Meinung sagen (1)
-Ich bin die Klassenclownin (1)
-Ich bin eine Person, die sehr glücklich ist und viel lacht (1)
-Der Zusammenhalt ist mir wichtig (1)
-Ich schaue, dass niemand gemobbt wird, setze mich ein (1)
-Wenn jemand etwas vergessen hat, schreibe ich einen Zettel zur Erinnerung (1)
-«Es bruucht jede» (1)

Was sagt die Lehrerin zu dieser Frage: Was macht sie gut?

-Dass ich es schaffe, sie als Menschen wahrzunehmen
-Zu erkennen, dass sie gern gehabt werden wollen
-Das Gute in jedem Kind zu sehen
-Ich helfe gerne
-Ich helfe ihnen ein Stück auf ihrem Weg und fühle mich geehrt, dies zu tun
-Ich begegne ihnen auf Augenhöhe, von Mensch zu Mensch
-Es ist mir ein grosses Anliegen, dass sie sich wohlfühlen

Was macht deine Lehrerin speziell?

-Sie will Gutes für uns
-Sie hilft uns, ist für uns da, damit wir eine Zukunft haben
-Alles

2.4. Was bedeutet «glückliches Sein»? – Felicity Management

Das glückliche Sein fängt bei uns selbst an. Wir haben es in der Hand, wie wir unser Leben gestalten wollen. Das Glück liegt in uns, ist in unserem inneren Wesen zu Hause. Dies erlebe ich so, und beim Befragen der Leute hat sich diese Annahme bestätigt. Was schlussendlich zählt, ist das Glück in uns selbst zu finden.

Einerseits freue ich mich über die bereichernden Begegnungen und Antworten, anderseits über die positiven Feedbacks zu unserem Projekt. Ich bin überzeugt, dass wir Denkanstösse geben können. Bei den befragten Personen, aber auch bei uns. Dieses Projekt macht glücklich, dies merke ich zum Beispiel, wenn ich zu Hause die Antworten nochmals lese. Was passiert, wenn ich beginne, über Dinge nachzudenken, die glücklich machen? Die Wahrnehmung schärft sich und ich werde zu einem Detektiv für das eigene Glücksempfinden. Ich achte mich mehr auf Dinge, die mich erfreuen. Was nicht gut funktioniert, weiss ich genügend. Aber was, wenn immer mehr Menschen beginnen über Dinge zu reden, welche ihnen gelingen? Wenn sie sich jeden Tag an schönen Erlebnissen freuen?

Wenn die 301 Menschen, die wir befragt haben, ihre Erlebnisse mit der Umfrage drei oder vier Personen weitererzählen, sind es schon fast 1000 Menschen, und die beginnen, sich Gedanken über das glückliche Sein zu machen!

Mich selber hat die Beschäftigung mit unseren Fragen immer wieder dazu gebracht, darüber nachzudenken, was Glück denn für mich bedeutet. Was mich glücklich macht, was mich zuversichtlich stimmt. Nebst den mehrfach genannten Dingen gibt es für mich auch wunderbare, wertvolle, einzelne Antworten wie: «Reichtum an Liebe ist in der Welt vorhanden» über «der Duft des Sonntagszopfes am Morgen» oder «etwas Schweres überlebt haben». Was mich tief beeindruckt hat, ist die Antwort einer jungen Frau: «Dass es mich gibt».

Anhand der Antworten wird deutlich, dass bei vielen Menschen vor allem die Beziehungen im Vordergrund stehen. Geld, Besitz und Konsum wurden nicht so oft genannt. Eine gewisse finanzielle Sicherheit ist zwar wichtig, um die «Teilnahme» am sozialen und kulturellen Leben zu ermöglichen, sich etwas zu gönnen oder etwas zu unternehmen – und so zur Zufriedenheit beiträgt. Doch es sind die Beziehungen, die bereichernden Worte, die Interaktionen und Begegnungen, ein Lächeln, eine Anerkennung oder das Gefühl, jemandem etwas Gutes zu tun, welche am meisten beglücken. Aber auch Raum und Zeit für sich zu haben, um eigenen Bedürfnissen nachgehen zu können, in der Ruhe zu sein, in der Natur, kreativ zu sein. Übergeordnet ist die Liebe zu anderen, zu sich selbst, zu Dingen, die wir gerne tun, die Geborgenheit, angenommen zu werden und sich wertvoll zu fühlen als «Mensch, der man ist».

Es ist viel Dankbarkeit spürbar für den Reichtum und den guten Rahmen, den wir bei uns selbst haben. Für die vielen Möglichkeiten und die Sicherheit.

Was uns erstaunte, war, wie oft Menschen sagten, «das habe ich mir noch nie überlegt» oder «das ist eine schwierige Frage».

Wahrscheinlich wären die Antworten schneller da, wenn man die Leute nach ihren Sorgen und Problemen fragen würde.

Oft höre ich die Aussage «man kann nicht immer alles nur positiv sehen». Dies denke ich auch, denn ich kann auch nicht sagen, «man kann nicht immer alles nur negativ sehen». Weder das eine noch das andere funktioniert im Extrem. Damit ich das Gefühl des «Glücklich-seins» wahrnehme, braucht es Traurig-Sein, Nachdenklich-Sein, Verärgert-Sein. Dadurch kommt der Unterschied erst zum Vorschein.

Dieses Projekt bestätigt mich darin, dass es hilfreich ist, wenn wir unsere Aufmerksamkeit immer wieder auf Gelingendes lenken – auch oder gerade in Momenten, in denen wir Schwieriges erleben, traurig oder genervt sind oder uns über etwas aufregen. In dieser Situation das Gleichgewicht wieder zu finden ist dann eine Kunst. Das Glück hängt schlussendlich nicht von äusseren Faktoren ab, sondern ist etwas, das in uns lebt, das wir in uns suchen und finden müssen. Wenn wir es mit äusseren Dingen verknüpfen, dann macht uns dies abhängig und wir sind immer wieder auf der Suche nach Neuem, Aufregendem, nach Konsum und Dingen, welche uns «glücklich machen sollten». Dies macht uns rastlos und suchend nach immer noch grösseren «Kicks».

Im Buch «Jetzt» beschreibt Eckhart Tolle dies so: «…Jenseits von Glücklichsein und Unglücklichsein ist Frieden. Glücklichsein ist davon abhängig, dass du die Umstände als positiv wahrnimmst; innerer Frieden nicht». Ich denke dies ist auch eine Erklärung, weshalb viele Menschen beim Befragen bemerkten, sie würden lieber von «zufrieden» sprechen, anstelle von Glück oder glücklich sein. Passend beinhaltet das Wort «zufrieden» ja auch «Frieden».

Mit den Erkenntnissen aus den Interviews ist mein Resümee, dass sich die Zuversicht in der Welt, die Ideen für Lösungen, die Wertschätzung und Solidarität vergrössern, wenn Menschen über Dinge nachdenken, welche Freude machen und sie diese dann auch angehen.

2.5. Raum für dich und deine Gedanken

Ich hoffe, die gesammelten Antworten haben dich inspiriert. Im folgenden leeren Raum gibst du den Ton an und hast Platz, deine Gedanken auszubreiten, damit du sie bei Bedarf zur Hand hast und wieder nachlesen kannst. Nimm dir den Raum und richte den Fokus auf die Fülle an schönen Dingen, die in deinem Leben vorhanden sind. Manchmal sind es grosse Ereignisse, welche dein Herz höher schlagen lassen, meist sind es jedoch kleine Dinge, Begegnungen oder Erlebnisse, welche wie Sterne in deinem Alltag aufleuchten, dich berühren und erfreuen. Wie würdest du die Frage «Was macht mich glücklich, zufrieden?» beantworten?

2.6. Fragen, die verändern

- Was hast du heute erlebt, das dein Herz höher schlagen lässt?
- Wann fühlst du spielerische Leichtigkeit in deinem Tun?
- Bei welchen Tätigkeiten fühlst du dich besonders glücklich?
- Welche Menschen lösen bei dir Glücksgefühle aus?
- Wie hältst du dich gesund?

2.7. Bilder, Symbole, passende Steine und Heilkräuter

Bilder und Symbole: Das vierblättrige Kleeblatt, Wasser als erfrischendes Element, ein grosser Vogel wie der Adler, der Mäusebussard oder der Milan, welcher mit Ruhe und Erhabenheit seine Kreise zieht. Alles was mit Leichtigkeit zu tun hat, hüpfende und spielende Kinder, Lächeln, Tanzen, Singen, Meditation, Ruhe und Stille suchen, bewusst beobachten und wahrnehmen, etc.

Steine: Es gibt diverse Steine, die zu einem glücklichen Sein passen. Mit Lebensfreude und Leichtigkeit werden zum Beispiel Bernstein und Turmalin verbunden. Zur allgemeinen Freude passen Sonnenstein, Peridot und Moosachat. Zur «hellen Freude» der Sodalith und zur «stillen Freude» der Achat. Um die Zufriedenheit zu unterstützen, sind Aquamarin, Aventurin, Bernstein, Beryll und Marmor geeignet.

Heilkräuter: Unterstützende Kräuter und Pflanzen aus der Natur, welche das helle Gemüt unterstützen: Jasmin, Ginkgo, Haselnuss oder Johanniskraut.

Und welche Symbole zum Thema Glück und glückliches Sein kennst du?

3. Vom positiven Sehen – das «Zuversichtsbarometer»

3.1. Erkenne dich – positives Sehen beginnt bei dir

Was siehst du, wenn du dich betrachtest? Freust du dich über dich? Wie du bist, wie du lächelst, wie dein Blick dir begegnet? Freust du dich über dein Tun, tust du das, was dir Freude macht?

All diese Fragen liefern Hinweise darauf, wie du dich selbst wahrnimmst. Wie du mit dir umgehst, ob du dir Wertschätzung entgegenbringst und ob du dich gern hast. Es liegt an dir, welchen Blickwinkel du einnimmst. An manchen Tagen mag es eine Herausforderung sein, den liebevollen Blick auf dich selbst zu behalten. An anderen Tagen fällt es leicht.

Wie wir uns selbst begegnen, ist entscheidend und beeinflusst auch die Art und Weise, wie wir anderen begegnen. Wie heisst es doch schon in der Bibel: «Liebe deinen Nächsten wie dich selbst.» Um sich selbst gegenüber zuversichtlich zu sein, müssen wir unsere Ressourcen erkennen, damit wir uns über Erfolge und Dinge, die uns gelingen, freuen können. Es spielt eine Rolle, dass wir auf unsere innere Stimme hören und mutig auf sie vertrauen.

3.2. Auf Lösungen fokussieren ist eine Haltung

Die lösungsfokussierte Haltung besteht darin, dass wir bei uns, bei unseren Mitmenschen und bei der Welt als Ganzes Dinge betrachten, welche funktionieren. Freude zu haben an Erfolgen, bei uns selbst, bei den anderen, in der Gesellschaft und in der Umwelt. Beklage ich mich über Missstände oder suche ich nach Dingen, welche sich verbessert haben?

Natürlich gibt es Missstände, Dinge, die nicht gut laufen. Aber es liegt viel mehr Energie in dem, was funktioniert, was freundlich, positiv, erfreuend, leicht und leuchtend ist. Angst und Hoffnungslosigkeit lähmen, wogegen Mut, Vertrauen und Liebe stärken und uns Energie verleihen.

Die Basis einer lösungsorientierten Haltung ist die Liebe: etwas mit Liebe betrachten, liebevoll mit sich und anderen umgehen, freundlich und wohlgesinnt sein, vom «Guten» ausgehen, Vertrauen in Beziehungen und die Welt haben. Vom «Guten» in sich selbst und in anderen Menschen ausgehen.

3.3. Mein Blick als Coach: mit dem Lösungsfokus den Ressourcen auf der Spur

Es ist für mich ein Herzensanliegen, die Menschen, die ich begleite, zu ermutigen. Das heisst, sie dabei zu unterstützen, ihren Mut zu finden. Als Coach stelle ich Fragen. Ich höre gut zu, achte mich, wo in der Antwort meines Gegenübers etwas aufleuchtet. Das greife ich auf, dort fahre ich weiter. Vielleicht wiederhole ich das Gesagte und verknüpfe es mit einer neuen Frage, so dass die Person, welche sich mir anvertraut, immer tiefer eintauchen kann und beginnt darüber nachzudenken, wie sie sich erlebt, was sie von sich denkt, und wo sie sieht, dass ihr etwas gelingt. Dass sie ihre Ressourcen erkennt und spüren kann, wo Kraft und Energie vorhanden sind bei ihr. Als Coach habe ich die Aufgabe, mich zurückzunehmen, und die Bühne der anderen Person zu überlassen. Es spielt schlussendlich auch keine Rolle, ob ich es bin, die den entscheidenden Input gibt – oder ob es etwas anderes ist, das zur Veränderung führt. Dies zu wissen, gibt mir ziemlich viel Freiheit, und der Gedanke «Ich 'darf' nichts wissen» befreit mich. Es kann sein, dass wir während eines Gesprächs gemeinsam in einer Sackgasse stecken bleiben und ich nicht mehr weiter weiss. In diesem Fall hilft es mir, dies auszusprechen. Dadurch kommt oft wieder etwas in Gang. Das Wichtigste ist, in solchen Situationen immer im «Positiven» zu bleiben und Vertrauen zu behalten.

3.4. Was die Menschen sagen, wenn sie gefragt werden, was sie zuversichtlich macht

Im letzten Kapitel habe ich die Ergebnisse des Glücksbarometers aufgelistet. Nebst der Frage nach dem Glück befragten wir die Leute auf der Strasse ebenfalls, was sie zuversichtlich macht. Wir wählten die Frage nach der Zuversicht als Gegenstück für die Frage nach den Sorgen. Herausgekommen sind folgende Antworten:

- Die aktuellen Klimademos der Jungen und auch der Erwachsenen, ihr Einsatz für Umwelt, einen schonenden Umgang mit Ressourcen, Frieden und Gerechtigkeit (53)
- Die eigene Familie, die eigenen Kinder (48)

- Ein gut funktionierendes System in der Schweiz (inkl. AHV), gute Infrastruktur, eine funktionierende «politische Landschaft», Demokratie (mit Stimm- und Wahlrecht, Referenden, Initiativen etc.) (43)
- Überall auf der Welt gibt es «gute» Menschen, die sich einsetzen und etwas «Gutes» wollen. Hilfsbereitschaft und Solidarität sind vorhanden (36)
- Freunde (31)
- Selber ein positiv denkender Mensch zu sein, Positives sehen können, positives Handeln (29)
- Selber etwas bewirken können, Einsatz in einem sozialen Projekt (23)
- Eine sichere wirtschaftliche Situation in der Schweiz haben, es gibt Stellen/Lehrstellen, gute berufliche Möglichkeiten haben (22)
- Der Glaube daran, dass es immer wieder weitergeht (18)
- Gesundheit, gesund sein (17)
- Sicherheit, in Sicherheit leben können (16)
- Die Natur (16)
- Junge Menschen, welche viel leisten, sich engagieren, ihren Weg gehen, eine Ausbildung machen (15)
- Vertrauen in sich und das Leben haben, Urvertrauen, innere Zuversicht (15)
- Glaube an das Gute im allgemeinen, Glaube an das Gute im Menschen (14)
- Ein gutes Schul- und Bildungssystem in der Schweiz haben (11)
- Mit der Arbeit (Stelle) etwas bewirken können, Sinnhaftigkeit darin sehen (11)
- Glaube an sich selbst und die eigenen Fähigkeiten (10)

- Kommunikation, Begegnungen, Dialoge und was daraus entsteht (10)
- Das ÖV-Netz, Strassen (8)
- Der Glaube an Gott (7)
- Die eigene stabile finanzielle Situation (7)
- Eine stabile Paarbeziehung haben (6)
- Wertschätzung erhalten, Wertschätzung geben (6)
- Mit Achtsamkeit leben, sorgsam mit Ressourcen umgehen (6)
- In einem Land mit vielen Möglichkeiten leben, Freiheiten haben (6)
- Unsere medizinische Versorgung, unser Gesundheitssystem (6)
- Eine gute Ausbildung haben (6)
- Eine Arbeitsstelle haben (6)
- Respekt und Toleranz im Umgang mit anderen, Interesse füreinander (6)
- NGOs und deren Einsatz, und diese mit Spenden unterstützen (5)
- Die aktuellen «grünen» Wahlergebnisse, Aufschwung der grünen Parteien (5)
- Erfolge im Leben (5)
- Das zunehmende Bewusstsein für Umweltschutz (5)
- Unbeschwert leben, Zufriedenheit, Freude am Leben (5)
- Humor (4)
- Sich auf Schönes freuen (4)
- Weiterbildungen machen (4)
- Meinungsfreiheit in der Schweiz (3)
- Die Aussicht auf Ferien (3)
- Visionen haben und Ziele anstreben (3)
- Schönes Wetter (3)

- Der Frauenstreiktag 2019 (3)
- Generationenübergreifende Projekte, in einer Gemeinschaft leben (3)
- Das Interesse der jungen Menschen für Politik ist gestiegen (2)
- Spiritualität (2)
- Sauberkeit, Hygiene in der Schweiz (2)
- Sich weiterentwickeln (2)
- Nachhaltige Ergebnisse in der politischen Agenda (2)
- Wenn sich Menschen zusammentun, um etwas zu bewegen (2)
- Ein schönes Konzert, Lieblingsmusik (2)
- Überzeugung, dass Lösungen gefunden werden (2)
- Sich versöhnen können (2)
- Die guten Erfahrungen im bisherigen Leben (2)
- Glückliche Kinder (2)
- Das tun, was ich gerne tue (2)
- Chancengleichheit (1)
- Pünktliche Züge (1)
- Der eigene Einsatz in einem sozialen Projekt (1)
- Solidarische und biologische Landwirtschaft (1)
- Wir sind ein fleissiges Volk (1)
- Der Atomausstieg (1)
- Dass die Grossverteiler begonnen haben, Plastik zu sammeln (1)
- Reichtum an Liebe auf der Welt ist vorhanden (1)
- Es ist Geld vorhanden (1)
- Dass sich immer mehr für die Rechte von Homosexuellen einsetzen (1)
- Die Eigenständigkeit der Schweiz (1)
- Glaube an neue Technologien (1)

- Traditionen, welche wieder aufblühen (1)
- Zunehmendes Bewusstsein für Rassismus (1)
- Mich akzeptieren wie ich bin (1)
- Neugierde, Freude (1)
- Zu meiner Gesundheit schauen (1)
- Yoga und Meditation (1)
- Sich mit allem verbunden fühlen (1)
- Dass Kirche und kirchliche Organisationen zur sozialen Gerechtigkeit beitragen (1)
- Glück im Unglück haben (1)
- Aus Niederlagen lernen (1)
- Am Bahnhof Klavier spielen zu können (1)
- Das Leben (1)
- Lachende Menschen (1)
- Für die nächste Generation denken und handeln (1)
- Leute, die Fragen stellen (1)
- Fotografieren können (1)
- Dass im Dorf eine 5G Antenne verhindert wurde (1)
- Es gibt gute Möglichkeiten für Menschen mit Behinderung in der Schweiz (1)
- Sich Schönes gönnen (1)

3.5. Was die Jugendlichen sagen

-Kolleginnen, Kollegen und Freunde (10)
-Familie (7)
-Man hat es in der Schweiz gut, es gibt Sicherheit, alles ist gut organisiert, es gibt keinen Streit, und wenn z.B. jemand obdachlos ist, dann gibt es Hilfe (5)
-Eine Lehrstelle zu finden, es gibt gute Lehrstellen (4)

-Ein Ziel erreichen (3)

-Fussball spielen (2)

-Dass es in der Schweiz Arbeitsstellen gibt (2)

-Gut sein in der Schule, gute Noten haben (2)

-Schöne Natur, die Welt ist schön (2)

-Wenn ich Gas gebe, mir Mühe gebe (2)

-Zusammenarbeit (1)

-Mich einsetzen, eine Arbeit zu Ende machen (1)

-Wenn mir jemand etwas sagt, dann tue ich es (1)

-Frei haben (1)

-Immer glücklich sein (1)

-Sich auf etwas freuen (1)

-Etwas für mich machen können (1)

-Sport, Bewegung (1)

-Kampfgeist haben (1)

-Gute Rückmeldungen vom Schnuppern erhalten (1)

-Wenn ich Kolleginnen habe, die mich verstehen (1)

-Mich hält aufrecht, dass ich mit meiner Mutter über alles reden kann (1)

-Ich bin selbstbewusst (1)

-Ich will selbständig und unabhängig werden (1)

-Ich weiss, wie ich Bewerbungen schreiben kann (1)

-Wenn ich mich mega auf etwas freue, z.B. auf meinen Geburtstag (1)

3.6. Fragen, die den Blick schärfen – Zuversicht trainieren

- Was macht dich zuversichtlich, wenn du auf dein Umfeld schaust?
- Was macht dich zuversichtlich, wenn du auf dein Handeln schaust?
- Was ist dir in den letzten Tagen gut gelungen?
- Wofür könnte man dir einen Oscar überreichen?
- Was magst du an dir ganz besonders?
- Welche Fähigkeiten hast du?
- Was hat dir in den letzten Tagen ein Lächeln aufs Gesicht gezaubert?
- Angenommen, es läuft einmal nicht so «rund» – wie schaffst du es, trotzdem «die Kurve zu kriegen»?

3.7. Bilder, Symbole, passende Steine und Heilkräuter

Bilder und Symbole: Der Marienkäfer versinnbildlicht Leichtigkeit und Zuversicht. Ein kraftvolles Bild für Wachstum und Zukunft sind Pflanzen, insbesondere der Baum, der mit den Wurzeln fest verankert in Mutter Erde steht, biegsam und beweglich in seiner Krone. Erhaben und mit einer Ausstrahlung von Energie. So steht er da und erneuert sich jeden Frühling neu, um im Herbst loszulassen, sich zu sammeln und Energie zu schöpfen, zu ruhen, im Rhythmus von Vergehen und Werden. Als Symbol von Stärke und dem Wissen, dass es eine Zukunft gibt und dass das Leben weitergeht.

Steine: Zur Zuversicht, zum Wachstum und um positive Gedanken zu unterstützen, passt der farbige Turmalin.

Heilkräuter: Anregende Pflanzen und Kräuter sind unter anderem das Labkraut, die Melisse und Wilder Thymian (Quendel).

Welche Symbole und Bilder kennst du, sind dir wichtig zum Thema Zuversicht?

4. Achtsamkeit

4.1. Achtsam leben – die Menschen mit der Ressourcenbrille betrachten

Wie achtsam bist du unterwegs und was unterstützt deine Achtsamkeit? Wann fühlst du dich so richtig im «Hier und Jetzt»? Meditation kann uns dabei unterstützen, im Moment zu verweilen und achtsam unterwegs zu sein. Uns nur auf unseren Atem zu konzentrieren, ruhig zu werden und die Wellen der Gedanken zu glätten. Sich Momente der Ruhe nehmen und die Aufmerksamkeit auf das «Jetzt» richten ebenfalls. Es spielt keine Rolle, wo wir gerade sind, Aufmerksamkeit und Achtsamkeit können wir immer üben. Ganz präsent in der Gegenwart sein, den Raum in und um uns wahrnehmen und einfach sein. Ob wir unterwegs sind im Zug, mit dem Fahrrad, ob wir am Arbeiten sind oder in den Ferien, ob wir allein sind oder mit anderen Menschen zusammen. Wir können unsere Aufmerksamkeit trainieren und uns angewöhnen, einfach «hier» zu sein und uns, wo wir gerade sind, als Mensch wahrnehmen. Wie Ekhart Tolle sagt: «Das 'Jetzt' ist alles, was wir haben, es ist nie nicht 'Jetzt'. Es ist wichtig, dass wir den Moment wahrnehmen, ihm Raum geben und ihm freundlich begegnen.»

Zur Achtsamkeit gehört auch die Art und Weise, wie wir unsere Umwelt, die Menschen um uns herum wahrnehmen. Wie wir beobachten und spüren, was wir mit unseren Sinnen gerade erfassen, wie wir fühlen und wie wir zuhören.

Achtsam können wir jederzeit sein, und wir können Achtsamkeit trainieren. Uns angewöhnen, uns immer wieder auf den Moment zu besinnen, in dem wir uns gerade befinden. Dies bewirkt Ruhe und Gelassenheit. Und es macht glücklich. Oder umgekehrt: Wir nehmen in dem Moment, in dem wir aufmerksam im Hier und Jetzt sind, das Gefühl des Glückes vielleicht erst richtig wahr.

«Die Energie folgt der Aufmerksamkeit» – so eine der Weisheiten aus dem «Huna», der polynesischen, hawaiianischen Weisheitslehre, die mich begleitet. Seltsamerweise dauerte es ein paar Jahre, bis ich verstand, was damit gemeint ist. Aber als ich begriff, was es bedeutet, wurde es zu einem Leitsatz, an den ich mich immer wieder erinnere und den ich im Alltag gerne für mich anwende. Wenn ich achtsam bin, kann ich entscheiden, wohin ich meine Aufmerksamkeit lenke.

Was mir an mir selbst auffällt, ist, dass mir viele Details auffallen, wenn es mir gelingt, die Aufmerksamkeit im Moment zu halten. Was ich sehe, was ich höre, rieche und fühle. Wie meine Körperhaltung ist und wie ich mich bewege. Die Welt um mich herum wird dadurch detaillierter und reicher. Eine Blume, die beginnt zu blühen, der Bärlauch, welcher im Frühling spriesst, ein zwitschernder Vogel, das Geräusch des Windes, der Kirschbaum im Garten mit seiner ausladenden Krone, das Blau des Himmels im Sommer. Und was ich unglaublich gerne tue und in solchen Momenten die „Zeit ausdehnen" ist, mit lieben Menschen an einem grossen Tisch zu sitzen und zu reden, zu lachen, zu diskutieren, zu essen und zu trinken. Unser Alltag ist so reich.

Ein wunderschönes Lied, das dies für mich ausdrückt, ist «E da qui» des italienischen Musikers Nek:

«E da qui»

Musik von Nek / Text von Alex Baroni / 2010

Gli amici di sempre,
gli abbracci più lunghi,
la musica, i libri, aprire i regali,
i viaggi lontani che fanno sognare,
i film che ti restano impressi nel cuore,
gli sguardi e quell'attimo prima di un bacio,
le stelle cadenti, il profumo del vento, la vita rimane la cosa più bella
che ho.

Una stretta di mano, tuo figlio che ride,
la pioggia d'agosto
e il rumore del mare,
un bicchiere di vino insieme a tuo padre,
aiutare qualcuno a sentirsi migliore
e poi fare l'amore sotto la luna
guardarsi e rifarlo più forte di prima,
la vita rimane la cosa più bella che ho.

E da qui
non c'è niente di più naturale
che fermarsi un momento a pensare

che le piccole cose son quelle più vere
e restano dentro di te
e ti fanno sentire il calore
ed è quella la sola ragione
per guardare in avanti e capire
che in fondo ti dicono quel che sei.

È bello sognare di vivere meglio,

è giusto tentare di farlo sul serio
per non consumare nemmeno un secondo
e sentire che anche io sono parte del mondo
e con questa canzone dico quello che da sempre so
che la vita rimane la cosa più bella che ho.

E da qui
non c'è niente di più naturale che fermarsi
un momento a pensare che le piccole cose
son quelle più vere le vivi le senti e tu
ogni giorno ti renderai conto che sei vivo
a dispetto del tempo
quelle cose che hai dentro le avrai al tuo fianco
e non le abbandoni più
e non le abbandoni più
dicono chi sei tu.

Übersetzung:

Dieselben Freunde,
die längsten Umarmungen,
die Musik, die Bücher, das Öffnen von Geschenken,
die weitesten Reisen, die dich träumen lassen,
die Filme, die dein Herz berührten,
die Blicke und der Moment vor einem Kuss,
die Sternschnuppen, der Geruch des Windes,
das Leben ist das schönste, das ich habe.

Ein Händedruck,
das Lachen deines Sohnes,
der Regen im August,
das Geräusch des Meeres,
ein Glas Wein zusammen mit deinem Vater,
jemandem helfen, damit er sich besser fühlt,
und dann Liebe machen unter dem Mond,
sich ansehen und es nochmals machen, stärker als zuvor,
das Leben ist das schönste, das ich habe.

Und von hier

Gibt es nichts Natürlicheres als
sich Zeit zu nehmen und darüber nachzudenken,
dass die kleinen Dingen die Wahrsten sind
und in Dir bleiben.
Sie geben Dir ein warmes Gefühl,
und das ist der einzige Grund,
nach vorne zu schauen und zu verstehen,
dass sie tief in Dir sagen, wer Du bist,

Es ist schön von einem besseren Leben zu träumen,
Es ist richtig, es ernsthaft zu versuchen,
und keine Sekunde zu verschwenden,
und zu fühlen, dass ich ein Teil der Welt bin.
Und mit diesem Lied sage ich, was ich schon immer wusste,
das Leben ist das schönste, das ich habe.

Und von hier

Gibt es nichts Natürlicheres als
sich Zeit zu nehmen und nachzudenken,
dass die kleinen Dingen die Wahrsten sind.
Du lebst sie und Du fühlst sie,
jeden Tag erkennst Du, dass Du lebst
trotz der Zeit.
Die Dinge, die Du in Dir hast
wirst Du immer an deiner Seite haben
und Du gibst sie nie mehr auf,
sie sagen wer Du bist.

4.2. Die Worte mit Bedacht wählen

Als unser Sohn klein war, fragte er mich einmal, wer die Sprache erfunden habe. Eine gute Frage, dachte ich, und ich machte mich auf, darüber zu recherchieren. Es gibt viele Vermutungen dazu. Sprachen die Menschen am Anfang dieselbe Sprache? Ist die Sprache aus einer einzigen Ursprache entstanden und hat sich dann mit den verschiedenen Völkern in verschiedene Richtungen entwickelt? Wurden die Menschen dadurch getrennt? Oder gab es von Anfang an verschiedene Sprachen?

Ich staune oft darüber, welcher Wortschatz uns zur Verfügung steht und wie reich unsere Sprache ist. Umso wichtiger ist es, dass wir mit unseren Worten sorgsam umgehen und sie mit Bedacht wählen.

Durch meine Arbeit als Coach habe ich viel gelernt, auch von den Menschen, welche ich begleite. Wie hilfreich es ist, wenn wir eine gemeinsame Sprache finden, wenn ich das Gefühl habe, dass ich mein Gegenüber verstehe.

Wie wählen wir unsere Worte? Denken wir schneller als wir sprechen können, oder sprechen wir schneller als wir denken können? Ist reden Silber und schweigen Gold?

4.3. Blick auf die Kinder

Bestimmt kennst du die Art, wie Kinder selbstvergessen und träumerisch in die Welt blicken. Vielleicht hast du selbst Kinder, bist bereits Grossmutter oder Grossvater, hast Gotti- oder Göttikinder. Kinder haben eine wunderbare Art, im Moment zu verweilen. Wenn sie sich im Spielen vergessen und sich dem widmen können, was sie gerade tun. Wir alle waren einmal Kinder und haben diese Fähigkeiten immer noch in uns. Auch wir können mit grossen Augen im Moment verweilen und etwas beobachten. Uns genau dem widmen, was wir gerade tun und uns «kindlich» über etwas freuen.

Deshalb sagen wir Erwachsenen oft, wie wichtig es sei, die Welt ab und zu «mit Kinderaugen zu betrachten». Ja, wir können von den Kindern lernen, und tief in unserem Innern wissen wir noch, wie es geht, weil wir ja selber alle einmal Kinder waren.

4.4. Ein Lob auf die Langsamkeit – vom Umgang mit der Zeit

Die Römer und Griechen kannten Wasser- und Sonnenuhren. Bevor es Uhren gab, identifizierten die Menschen wiederkehrende Ereignisse, um dem Tag ein grobes Zeitraster zu geben. «Wenn der Hahn kräht», «bei Sonnenuntergang», «wenn die Sonne zuoberst am Himmel steht» waren Möglichkeiten, um Zeitangaben zu machen. B.K.S Yengar sagt in seinem Buch «Licht fürs Leben» zum Thema Zeit: *«Das Problem mit der Zeit ist Folgendes. Wir können sie uns nur in räumlichen Begriffen vorstellen, so wie einen dahinströmenden Fluss oder ein Stück Schnur. Wir teilen diese Schnur in Jahrzehnte, Jahre, Monate, Tage, Stunden, Minuten und Sekunden auf. Das sind Längenmasse der Zeit. Und es ist, was immer die Zeit auch sein mag, weder fair noch angemessen, sie als eine Dimension des Raumes zu behandeln, als etwas, das sich in Längenmassen messen lässt so wie eine Wand oder ein Buchregal. Ein weiteres Problem besteht darin, dass wir die Zeit als leer betrachten, leer von Bedeutung und Sinn, so wie einen leeren Eimer, es sei denn, wir füllen sie mit etwas, mit unseren Aktivitäten zum Beispiel.»*

Wie ist es in unserer modernen Welt? Wir können die Zeit bis in kleinste Einheiten zerteilen und messen. Einerseits ermöglicht uns dies viel und ist bequem. Wir können genau sagen, um welche Zeit wir uns treffen, wir können den Zug um eine bestimmte Zeit besteigen etc. Anderseits kann diese moderne Zeitmessung uns auch einengen und unter Druck setzen. Wie schafft man es, Dinge zu erledigen, zu arbeiten, aber auch einfach zu sein, ohne Zeitdruck oder das Gefühl zu verspüren, ein Tag habe zu wenig Stunden? Manchmal habe ich den Eindruck, dass wir trotz all diesen technischen, modernen Errungenschaften, welche unser Leben begleiten und bestimmen, auch wieder daran sind zu lernen, diese Dinge wieder loszulassen. Zu altem Wissen zurückzukehren oder besser: beides zu verbinden. Die Zeit zu messen und trotzdem gelassen zu bleiben.

Es gibt Momente, da kommt mir die Zeit sehr lang vor. Zum Beispiel, wenn ich auf etwas warte, oder eben, es kaum er-warten kann. Und dann, wenn etwas ganz schön ist, geht es manchmal viel zu schnell vorbei.

Eine Kursleiterin sagte einmal, sie habe gelernt, den Moment auszudehnen. Dass sie, wenn sie den Eindruck habe, viele Dinge erledigen zu müssen, sich vorstelle, sie könne die Zeit ausdehnen. Und stellte fest, dass ihr dies gelingt. So wollte ich es auch einmal versuchen. Ich wählte für diesen Versuch die Ferienzeit und ich schlenderte durch die Tage, bewegte mich langsamer. Dadurch hatte ich wirklich den Eindruck, die Zeit sei langsamer vorübergegangen. Als ob sich der Zeit-Raum ausgedehnt hätte.

Ich bin von meiner Art her eher langsam. Dies stelle nicht nur ich fest, sondern auch mein Umfeld. Früher störte mich das, aber mit der Zeit lernte ich, es zu schätzen. Was ich jedoch auch weiss, ist, dass ich schnell sein kann, wenn es darauf ankommt. Doch m Naturell unterstützt mich dabei, geduldig zu sein und zu bleiben. Und zu wissen, dass Langsamkeit Vorteile hat.

Und wie gehen wir damit um, wenn wir irgendwo warten müssen? In der Schlange vor der Kasse, am Bahnhof auf dem Bahnsteig – es gibt viele Lebenssituationen, in denen uns nichts anderes übrig bleibt als zu warten. Was, wenn wir diese Momente als «verordnete» Pausen betrachten, als etwas, das einfach gegeben ist, als Ruhemoment sozusagen? Gelingt es uns, uns einfach zu entspannen, nichts anderes zu tun als dort zu stehen oder sitzen?

Atme durch und halte einen Moment inne.

4.5. In der Natur sein: Mit allen Sinnen Da-Sein

Wie wunderbar ist es doch, in der Natur unterwegs zu sein! Durch einen Wald zu wandern, die Kraft der Bäume zu spüren, zu sehen, wie die Sonne durch die Blätter scheint. Den Geruch der frischen Waldluft einzuatmen, das Rascheln des Windes zu hören, an einem plätschernden Bach vorbeizukommen, auf einen Stein zu sitzen und einfach zu sein. Mit ganzer Aufmerksamkeit Blumen, Pflanzen und Tiere im Wald zu entdecken.

Natur ist überall.

Am einfachsten ist es wohl, wenn ich dich zuerst frage: «Was ist für dich Natur?».

Wo auch immer wir uns bewegen, die Natur ist eigentlich überall. Die Natur ist in uns, als Mensch bin ich Natur. In städtischen Gebieten mag es schwierig sein, Natur zu sehen. Aber auch hier können wir Natur entdecken. Wenn ich darüber nachdenke, wo in der Natur ich mich am liebsten aufhalte, kommt mir meine nähere Umgebung in den Sinn. Hier gibt es einen Garten mit Obstbäumen, vor der Haustüre sind Felder, und der Wald ist nah. Auch in den Bergen ist es unglaublich. Die Kraft der Steine, der Mineralien zu spüren, die imposante Bergwelt zu erleben.

Auch wunderbar und im wahrsten Sinne des Wortes berauschend ist es, am Meer zu sein. Die Macht der Wellen zu sehen, die kommen und gehen, ohne jemals aufzuhören. Die Weite des Horizonts, das Salzwasser auf der Haut zu spüren, das lebendige Element des Wassers zu geniessen. Mit dem Wind in den Haaren am Meer entlang zu spazieren. Die Wellen kommen und gehen, ohne still zu stehen.

Die Natur war schon immer da.

Kennst du den Augenblick, wenn du auf einen Berg gewandert bist und oben ankommst? Noch etwas ausser Atem, aber mit dem beglückenden Gefühl, hier ganz alleine und aus eigener Kraft heraufgestiegen zu sein? Siehst du diese Weite, diese klare Luft, diesen unendlich grossen Himmel? Und mit dem Blick auf die Berggipfel, diese gewaltigen Felsen, diese Steine wird dir bewusst: Sie waren schon lange vor dir da.

Von der Natur lernen wir.

Wenn wir die Vorgänge in der Natur beobachten, lernen wir auch viel über uns selbst. Wir realisieren, wie das Leben funktioniert, wie der Lauf der Dinge ist. Wir sehen, wie die Sonne auf- und untergeht. Wir beobachten den Mond, wie er seine Form verändert und wie dies in einem Zyklus zu erfassen ist. Wir sehen die Unendlichkeit des Sternenhimmels, und in dieser Unendlichkeit finden wir zu uns selbst zurück.

Die Natur heilt.

Wir Menschen haben gelernt, wie wir Pflanzen zur Heilung nutzen können. Es gibt eine unglaubliche Fülle an Heilpflanzen. Wir können durch den Wald spazieren mit einem Korb, um Blätter, Blüten, Beeren und Wurzeln zu sammeln, die wir später verwenden können. Brennnessel, Brombeere, Himbeere, Schachtelhalm, Spitzwegerich oder Waldmeister, um nur ein paar zu nennen.

Wir sind Teil der Natur.

Wenn wir die Natur als Teil von uns betrachten oder umgekehrt, wenn wir realisieren, dass wir Teil dieser Natur sind, unzertrennbar mit ihr verbunden, dann gelingt es uns, zu ihr Sorge zu tragen. Davon bin ich überzeugt. Wir müssen lernen, den Weg wieder zurück zur Natur zu gehen, auf die Natur zu hören – auch auf unsere eigene. Die Energie der Bäume zu spüren, die Kraft des Waldes. Wie es Wolf Dieter Storl in seinem Buch «Wir sind Geschöpfe des Waldes» beschreibt: «…der Wald ist in uns, er ist Teil unserer Seelenlandschaft. Unsere

Verbundenheit mit den Bäumen hat innige und tiefe evolutionäre Wurzeln.»

4.6. Anleitung zu mehr Achtsamkeit: Geschichten und Methoden

Ich möchte dir die Geschichte des Managers und des Zen-Buddhisten mit auf den Weg geben: Es war einmal ein Manager, der begegnete einem Zen-Mönch. Der Manager war beeindruckt von der Gelassenheit des Mönchs.

Er fragte ihn: «Wie gelingt es dir, so gelassen zu bleiben?» Der Mönch antwortete: «Dies ist ganz einfach. Wenn ich liege, dann liege ich, wenn ich sitze, dann sitze ich, wenn ich stehe, dann stehe ich, und wenn ich gehe, dann gehe ich». Der Manger antwortete: «Das tue ich doch auch, und trotzdem bin ich oft im Stress.» Der Zen-Mönch antwortete: «Nein, das tust du nicht. Wenn du liegst, dann sitzt du schon. Wenn du sitzt, dann stehst du schon. Und wenn du stehst, dann gehst du schon.»

Wenn wir aufmerksam leben, können wir jeden Tag Schönes erleben. Eine andere Geschichte ist diese: Es war einmal eine alte Frau, die trug in einer ihrer Schürzentasche fünf Bohnen. Und jedes Mal, wenn sie etwas freute oder sie etwas Schönes erlebte, dann wanderte eine der Bohnen in die andere Schürzentasche, bis sie am Abend alle Bohnen auf der anderen Seite hatte. Ihre Erkenntnis war, dass jeden Tag schöne Dinge passieren, die sie erfreuten. Es ging nur darum, sie zu sehen. Und am nächsten Tag beim Aufstehen konnte sie sicher sein, dass auch an diesem Tag wieder alle Bohnen in die Schürzentasche auf die andere Seite wandern würden.

Die Methode mit den Bohnen oder kleinen Steinen habe ich schon oft ausprobiert. Dies ist für mich ein nützliches Mittel, wenn ich Tage habe, an denen ich mich ärgere oder an denen es mir schwerfällt, mit Leichtigkeit unterwegs zu sein. Was mir dann auffällt ist, dass es Tage gibt, an denen ich zu wenig Steine habe. Oder dass ich mich am Morgen schon auf den Tag freue und mir überlege, was ich wohl heute wieder Schönes erleben werde – aus welchem Anlass die Steine wohl auf die andere Seite wandern werden.

Zum Schluss eine Übung für den Alltag: Setze dich gerade hin, nimm den Boden unter deinen Füssen wahr und atme tief ein und aus. Berühre mit deinen Daumenkuppen die Ringfingerspitzen. Das ist ein «Mudra» (Mudra bedeutet «das, was Freude gibt»), eine Handbewegung aus dem Yoga, die eine beruhigende Wirkung hat. Schliesse die Augen. Stelle dir vor, dass du mit einem silbernen Draht, der nach oben führt, mit dem Universum verbunden bist, und deine Füsse in der Erde verwurzelt sind. Bleibe ein paar Minuten in dieser aufrechten Haltung sitzen, atme tief ein und aus, achte auf deinen Atem und nimm dich in deinem «Sein» wahr.

4.7 Fragen für mehr Achtsamkeit

- Wann fühlst du dich so richtig gelassen und in der Ruhe?
- Was erlebst du, wenn du warten musst?
- Was beglückt dich, wenn du am Meer bist?
- Was beglückt dich, wenn du in den Bergen bist?
- Wann bist du zum letzten Mal durch den Wald gegangen und hast mit allen Sinnen deine Umgebung wahrgenommen?
- Welches Element magst du am liebsten? Weshalb?
- Wann fühlst du dich so richtig in deinem Element?
- Was hast du heute Schönes erlebt?
- Wann gelingt es dir besonders gut, eine gemeinsame Sprache mit deinem Gegenüber zu finden? Wie machst du das?

4.8. Raum für eigene Notizen und Methoden, die du selber kennst

4.9. Bilder, Symbole, passende Steine und Heilkräuter

Bilder und Symbole: Eine sitzende, meditierende Menschengestalt. Das Om-Zeichen des Yoga, als Symbol für den Urklang des Universums. Die Blume des Lebens, als Sinnbild der Harmonie und des Gleichgewichts. Das dritte Auge.

Steine: Um sich auf Gutes auszurichten und mit allen Sinnen aufnahmefähig zu sein, sind Labradorit, Mondstein, Kupfer, Chrysopras, Dioptas und Dumortierit besonders geeignet. Um seine Sinne zu schärfen und das dritte Auge zu unterstützen, passen Granat, Smaragd, Sugilith und versteinertes Holz.

Heilkräuter: Unter anderem Aloe Vera, Gelber Enzian, Hopfen und Schlüsselblume. Speziell «augenstärkende» Pflanzen: Chrysantheme, Augentrost, Hirse, Schöllkraut und Wacholder.

Und welche Symbole und Bilder stehen für dich zum Thema «Achtsamkeit»?

5. Die eigenen Fähigkeiten entdecken

5.1 Das Licht «auf den Scheffel stellen»

Die meisten Menschen fürchten sich mehr davor, zu zeigen, was sie können, als was sie nicht können. Wir fürchten uns mehr vor unserer Grossartigkeit, unserem Licht als vor unserem Unvermögen. Passend dazu ein Text von Marianne Williamson (Marianne Williamson ist eine US-Amerikanische Autorin und spirituelle Lehrerin. Der Text stammt aus einem ihrer Bücher).

«Unsere tiefste Angst ist es nicht,
ungenügend zu sein.

Unsere tiefste Angst ist es,
dass wir über alle Massen kraftvoll sind.
Es ist unser Licht, nicht unsere Dunkelheit,
das wir am meisten fürchten.

Wir fragen uns, wer bin ich denn,
um von mir zu glauben, dass ich brillant,
großartig, begabt und einzigartig bin?
Aber genau darum geht es,
warum solltest Du es nicht sein?

Du bist ein Kind Gottes.
Dich klein zu machen nützt der Welt nichts.
Es zeugt nicht von Erleuchtung, dich zurückzunehmen,
nur damit sich andere Menschen um dich herum

nicht verunsichert fühlen.

Wir alle sind aufgefordert, wie die Kinder zu strahlen.
Wir wurden geboren, um die Herrlichkeit Gottes,
die in uns liegt, auf die Welt zu bringen.
Sie ist nicht in einigen von uns,
sie ist in jedem.

Und indem wir unser eigenes Licht scheinen lassen,
geben wir anderen Menschen unbewusst die Erlaubnis,
das Gleiche zu tun.

Wenn wir von unserer eigenen Angst befreit sind,
befreit unser Dasein automatisch die anderen.»

Für mich ist es immer wieder berührend, diesen Text zu lesen und mich darin zu erkennen.
Er ermutigt mich, meine Talente zu zeigen und mehr Vertrauen in meine Fähigkeiten zu haben.

Wenn wir uns überlegen, was wir in unserem Leben schon alles gelernt haben, dann werden wir uns einer unglaublichen Fülle bewusst. Ich lade dich ein, zurückzuschauen und dir bewusst zu werden, was du alles gelernt hast. Als kleines Kind in der Schule, als Teenager und als erwachsener Mensch. Du hast besondere Stärken und Talente, welche sich im Lauf deines Lebens immer mehr ausgeprägt haben und die du stets gepflegt und weiterentwickelt hast.

Was ist der Unterschied zwischen Stärken und Talenten? Ist der Ursprung einer Stärke ein Talent? Hast du Stärken, die sich im Lauf deines Lebens ausgeprägt haben und die du bewusst weiterentwickelt und gefördert hast? Manchmal liegen Talente brach. Wir vergessen sie, aber sie sind in unserem Unterbewusstsein trotzdem noch da. Durch das Reflektieren und Nachdenken können wir sie wieder in unser Bewusstsein holen – und uns dadurch wieder bewusst werden, was wir alles können.

Die meisten Menschen reagieren überrascht, wenn sie eine Liste ihrer Stärken erstellen. Sie sind überrascht über die Vielfältigkeit und waren oder sind sich nicht bewusst, dass sie so viele Stärken haben. Wir alle wissen, wie wichtig das Bewusstwerden der eigenen Stärken ist. Und natürlich das Selbstvertrauen, und verknüpft damit ein selbstsicheres Auftreten. Um die eigenen Stärken erkennen zu können, hilft auch die Selbstreflektion. Wie wirke ich? Was macht mich als Person aus? Was kann ich gut? Was mache ich gerne?

Nebst der Selbsteinschätzung ist auch die Fremdeinschätzung wichtig. Feedback von anderen Menschen, zum Beispiel aus dem persönlichen Umfeld oder aus der Arbeitswelt. Wie erleben mich andere? Es tut gut zu hören, was ich gut kann und in welchen Punkten ich mich weiterentwickeln kann.

Die Arbeit mit den eigenen Stärken, das Erkennen oder Wiederentdecken von Talenten gibt Selbstvertrauen. Ein Gefühl, sich gut zu spüren und seinen Fähigkeiten vertrauen zu können. Wer sich selbst vertraut, kann auch anderen Menschen vertrauen. Wer sich selbst gern hat, kann auch andere gern haben. Ich selbst bin also immer der Ausgangspunkt und nur ich kann etwas verändern.

Was fördert das Selbstvertrauen? Sich selber gut kennen und ein gutes Umfeld haben. Lob und Anerkennung erhalten. Was tut mir gut? Habe ich Menschen, die mich unterstützen? Von wem erhalte ich Lob? Und gebe ich mir selber Anerkennung? Es ist wichtig, ab und zu zurückzulehnen, in sich hineinzuhören und auf sich stolz zu sein. Oft sind Menschen mit sich selbst strenger im Urteilen als mit anderen. Es gilt also, sich Gutes zu tun, zu sich Sorge zu tragen und sich zu loben. Keine Schneeflocke ist gleich wie die andere, so wie wir Menschen auch. Du bist einzigartig, ein wunderbarer Mensch und hast dich verdient.

5.2 Raum für Reflektion: Notiere deine Talente

5.3 Mutig sein und «Zu-Trauen» zu sich selbst haben

Nimm dein Leben in die Hand! Dies ist eine Aufforderung. Hast du deine Macht ergriffen? Die positive Macht, die in dir ist? Viele Menschen wissen nicht, wie viel Macht in ihnen steckt. Sie fürchten sich davor, diese zu zeigen und danach zu handeln. Lass dich nicht verunsichern, bleib sicher in deinem Tun und vertrau auf deine Fähigkeiten. Hör auf deine Innere Stimme und folge deinem Gefühl. Du kamst mit einer Aufgabe auf diese Welt. Bleibe im Gleichgewicht und orientiere dich an den Dingen und Menschen, die dir wohlgesinnt sind. Du liebst und wirst geliebt. Ergreife deine «Macht» und werde wirkungsvoll. Mutig sein heisst nicht unbedingt, dass man grosse Taten umsetzen muss. Mutig sein kann auch bedeuten, im Kleinen wirkungsvoll zu sein. Mut ist, wie so vieles, Ansichtssache. Mut kann auch im Stillen wirken. Wichtig scheint mir, dass wir unseren ganz eigenen Weg des Mutes finden und für uns selber definieren können, was Mut ist. Doch ist es wichtig, dass wir immer wieder unser Gleichgewicht und unsere innere Stärke spüren. Unser Urvertrauen. Trau dich, dir zu vertrauen.

5.4 Was ist eigentlich die «Komfortzone»?

Wie im Text von Marianne Williamson schön ersichtlich ist, fürchten sich die meisten Menschen davor, ihre Grossartigkeit und ihre Talente zu zeigen. Ihr Licht scheinen zu lassen. Wenn wir davon sprechen, «die Komfortzone zu verlassen», meinen die meisten es gehe nun darum, Kritik zu üben oder sich Kritik anzuhören, und zwar «schonungslos». «Kommt, verlassen wir die Komfortzone!», sagte einmal ein Coach und meinte damit, wir sollten uns und den anderen in der Gruppe Lob und Anerkennung aussprechen – nicht Kritik. Dies war für mich ein wunderbares «AHA-Erlebnis». Und diese Umdeutung passt so gut zu den Erfahrungen in meiner Arbeit und dem, was ich bei anderen Menschen beobachte.

Zwei Strophen aus Mariah Careys Lied «Hero». Text: Mariah Carey / Walter Afanasieff

There's a hero
If you look inside your heart
You don't have to be afraid
Of what you are
There's an answer
If you reach into your soul
And the sorrow that you know
Will melt away

And then a hero comes along
With the strength to carry on
And you cast your fears aside
'Cause you know you can survive
So when you feel like hope is gone
Look inside you and be strong
And you'll finally see the truth
That a hero lies in you

Übersetzung:

Da ist ein Held
Wenn du in dein Herz schaust
Du musst keine Angst haben
Vor dem was du bist
Es gibt eine Antwort
Wenn du in deine Seele greifst
Und die Trauer, die du kennst
Wird wegschmelzen

Und dann kommt ein Held daher
Mit der Kraft weiterzumachen
Und du wirfst deine Ängste beiseite
Weil du weißt, dass du überleben kannst
Wenn du also das Gefühl hast, keine Hoffnung mehr zu haben
Schau in dich hinein und sei stark
Und du wirst endlich die Wahrheit sehen
Dass ein Held in dir steckt

5.5 Fragen, die bewegen können

- In welchen Situationen fühlst du dich besonders kraftvoll und gestärkt?
- Wann hast du zum letzten Mal etwas zum ersten Mal gemacht?
- In welchen Situationen kannst du dich voll einbringen?
- Was bedeutet für dich «Zivilcourage»?
- Welche deiner Fähigkeiten würdest du als Schmuckstück einfassen lassen?
- Was gelingt dir besonders gut?
- Was schätzen andere an dir?
- In welchen Situationen lernst du ganz besonders leicht?
- Wann hast du zum letzten Mal «den Rahmen gesprengt» und was hast du dabei erlebt?

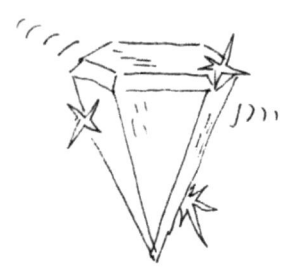

5.6 Bilder, Symbole, passende Steine und Heilkräuter

Bilder und Symbole: Wenn wir uns in der Tierwelt umsehen, ist der Bär ein passendes Symbol für Stärke. Er gilt als furchtlos, stark und klug. Natürlich steht auch der Löwe für Stärke. Bäume sind Symbole der Stärke, besonders die Eiche – der Weltenbaum.

Steine: Vor allem die roten Steine stehen für Lebenskraft und passen zum mutig-sein. Zum Beispiel der Rote Jaspis, Granat oder Achat. Sie können unseren Mut unterstützen.

Heilkräuter: Passende Kräuter und Pflanzen sind unter anderem Buchweizen, Brennnessel, Ginseng und Erdmandel. Auch alle Heilpflanzen, welche das Herz stärken sind für mich passend. Hier zum Beispiel Weissdorn, Borretsch, Bärlauch (verleiht 'Bärenstärke'), das Eisenkraut unterstützt das mutige Herz.

6. Humor gehört dazu

6.1 Wär ja gelacht, wenn das nicht lustig ist

Das Wort «Humor» stammt aus dem Lateinischen und hängt mit dem Wort für «Feuchtigkeit» zusammen. Die «Humorallehre» ist eine bereits in der Antike ausgebildete und bis ins 19. Jahrhundert gültige Krankheitslehre von den Körpersäften, deren richtige Mischung bzw. Zusammensetzung eine gute Gesundheit bedeuten. Diese Humoralmedizin, die sogenannte «Vier-Säfte-Lehre», wurde von Ärzten angewendet. Wenn bei einem Menschen alle vier Körpersäfte (Blut, Gelbe Galle, Schwarze Galle, Schleim) im Gleichgewicht sind, dann hat er «guten Humor», was so viel bedeutet wie: Er ist bei guter Gesundheit.

Ich definiere Humor für mich so, dass ich Dinge nicht allzu ernst nehme und lachen kann – auch über mich, und vor allem mit anderen zusammen. Wir alle wissen, wie befreiend es ist, zu lachen. Wenn sich eine Situation auflöst, leichter wird, wenn wir lachen «müssen». Ein Kollege erzählte, dass er in der Zeitung gelesen habe, dass ein Berggipfel umbenannt werden müsse, da der Name nicht mehr passend sei. Ich fragte: «Worüber würdest du dich am meisten freuen, wenn dein Name für etwas verwendet werden würde? Ich meine, es gibt in der Schweiz die Dufour-Spitze, benannt nach dem General, es gibt Strassen, welche nach berühmten Persönlichkeiten benannt werden, und so weiter. Also, was wäre, wenn da jemand käme und dir den Vorschlag machen würde, deinen Namen zu verwenden für … ja, wofür? Für einen Berg, eine Landschaft, eine Strasse...?» Daraus ergab sich ein humorvoller

Austausch. „Schön wäre, wenn ein Fluss nach mir benannt würde…". So spannen wir diesen Gedanken weiter, schüttelten uns vor Lachen, wenn etwas skurril oder grotesk erschien, wie zum Beispiel „stell dir vor, ein Graben würde nach dir benannt, eine Lücke oder eine Höhle».

Ja, das Lachen. Es beglückt und stärkt das Immunsystem. Und «es überkommt einen» manchmal. Es gibt die Situationskomik. Wenn plötzlich aus einem ernsten oder alltäglichen Moment etwas Witziges wird. Hast du schon einmal erlebt, dass du in den unpassendsten Momenten dein Lachen unterdrücken musstest? Und, je mehr du versucht hast, es zu unterdrücken, dich kaum mehr im Zaum halten konntest? Oder du begegnest jemandem und ihr lacht über dieselben Dinge, habt denselben Humor?

Mein Vater konnte unglaublich viele Witze erzählen. Über Jahre hörte ich an jedem Fest und in jeder Gesellschaft immer wieder dieselben Witze – wie mich dies langweilte mit der Zeit! Und irgendwann kam der Moment, an dem ich sie wieder schätzen lernte. Und durch dieses häufige Hören habe ich sie nicht mehr vergessen. Ich kenne eine Menge Witze und weiss meist auch noch, wer sie mir erzählt hat.

6.2 Witze-Streusel

Witzestreusel sind für mich Wortverdrehungen oder lustige Worte. Mir passiert es manchmal, dass ich eine Schlagzeile im Vorbeigehen nicht richtig lese, stutzig werde, nochmals lese und merke, dass ich ein Wort «verdreht» habe. So wurde bei mir schon aus einer «Exil-Tessinerin» eine «Textil-Designerin», aus dem Kurs «Reklamation als Chance» wurde «Reinkarnation als

Chance» und der «Facility Manager» wurde zum «Felicity Manager».

6.3 Lieblingswitze und Anekdoten

Ein Witz hat nicht dieselbe Wirkung, wenn er aufgeschrieben und dann vorgelesen wird. Zum Witze-Erzählen gehört das Entertainment, der Auftritt, die Lautstärke der Stimme, der Tonfall. Ich versuche es trotzdem, auf dass sie weitererzählt werden.

Ein Missionar trifft in der offenen Savanne auf einen Löwen. Dieser fletscht die Zähne und kommt langsam auf ihn zu. Angsterfüllt schickt der Missionar ein Stossgebet zum Himmel und fleht: «Oh Herr, schick diesem Tier einen christlichen Gedanken…» Der Löwe legt sich auf den Boden, kreuzt die Pfoten übereinander und sagt: « … und segne uns, und was du uns bescheret hast.»

Ein Kind musste zur Abklärung zum Psychologen. Unter anderem bekam es den Auftrag, eine Zeichnung zu machen. Gespannt warteten die Eltern auf das Resultat und die Einschätzung des Psychologen. Dieser trat nach einer gewissen Zeit besorgt zu den Eltern in den Warteraum und meinte: «Es stimmt tatsächlich etwas nicht mit ihrem Kind. Es hat die ganze Zeichnung nur in Schwarz gemalt». Alarmiert gingen die Eltern und der Psychologe zum Kind und sagten besorgt: «Sag mal, uns ist aufgefallen, dass es zwar eine schöne Zeichnung ist, aber du hast die ganze Zeichnung nur in schwarz gemacht … das finden wir eigenartig…» Darauf antwortete das Kind: «Ganz einfach. Es war der einzige Farbstift in der Schachtel, welcher einen Spitz hatte…»

Eine Frau kommt zum Psychiater und sucht Hilfe für ihren Mann. Der Psychiater fragt, wo denn ihr Problem liege. Die Frau meint: «Mein Mann ist seit einiger Zeit vollkommen überzeugt, dass er ein Pferd ist, ich kann ihn nicht mehr davon abbringen, alles Zureden nützt nichts – ich weiss nicht mehr, was ich tun soll, und deshalb wende ich mich an Sie.» Der Psychiater hört sich in aller Ruhe die Schilderung der Frau an. Dann überlegt er einen Moment und meint: «Hmm … ich glaube schon, dass ich da etwas tun kann, aber es wird eine sehr teure Behandlung werden.» Darauf meint die Frau: «Oh, das macht nichts. Am Geld soll es nicht liegen, davon haben wir genug. Mein Mann hat gerade letzte Woche wieder ein Rennen gewonnen!»

«Hast du den gehört, welcher Akkordeon spielte auf dem Thunersee?» – «Nein.» - «Ich auch nicht, er war zu weit weg vom Ufer.»

Ein Dachdeckermeister ist mit seinem Lehrling daran, das Kirchturmdach neu zu decken. Kurz vor Mittag rutscht der Meister aus und bleibt mit dem Hosenträger am grossen Zeiger hängen. Er ruft dem Lehrling zu, er solle schon mal Mittagspause machen und der Meistersfrau ausrichten, dass er etwas später zum Mittagessen komme. Das tut der Lehrling. Und als sich die Frau erkundigt, wann denn ihr Mann in etwa nach Hause komme, meint der Lehrling: «Ja, das wird dann wohl so gegen halb eins sein.»

Ein kleiner Ganove raubt eine Bank aus – ein grosser gründet eine.

6.4 Sprachwitz

Ein Mann kommt in einen Blumenladen.
Er sagt zur Floristin: «Guten Tag, ich hätte gerne einen Strauss Gladiatoren.»

Die Floristin erwidert: «Sie meinen wohl Gladiolen?»
Der Mann winkt etwas peinlich berührt ab und sagt: «Äh, ja klar! ...
Das andere sind ja Heizkörper!»

Ein Mann geht zum Arzt. Nach langer Untersuchung meint dieser:
«Ich verschreibe Ihnen ein Korsett.» Der Mann verlässt die Praxis und
macht sich auf den Heimweg. Entlang der Strasse kommt er an einem
grossen Schaufenster vorbei, dort steht in grossen Lettern «Klosett». Er
denkt sich: «Hier bin ich richtig, das brauche ich!»
Er geht rein und sagt zum Verkäufer: «Guten Tag, ich hätte gerne ein
Klosett.» Der Verkäufer: «Ja gerne, möchten Sie eines mit oder ohne
Deckel?» Der Mann schaut verdutzt und sagt etwas zögernd: «Oh!
Also ich möchte gerne oben herausschauen können.»

6.5 Fragen und Raum für Lieblingswitze, Notizen und Karikaturen

- Wann hast du zum letzten Mal herzhaft gelacht? Worüber?
- Was bringt dich zum Strahlen?
- Was ist dein Lieblingswitz?
- Was verstehst du unter «Humor»?

6.6 Bilder, Symbole, passende Steine und Heilkräuter

Bilder und Symbole: Natürlich sind lachende Gesichter ein wunderbares Bild. Narren/Hofnarren und Clowns verkörpern Humor, genauso wie Cartoons und Karikaturen, welche amüsiert auf die Menschen und das Weltgeschehen blicken.

Steine: Die Farben Orange und Gelb stehen für Heiterkeit. Ein passender Stein ist hier der Karneol. Doch auch der Sugilith und der blaue Topas passen zum Thema Humor.

Heilkräuter: Passende gemütsaufhellende Kräuter und Pflanzen sind unter anderem Anis-Ysop (Anisminze), Bohnenkraut, Borretsch (erhellt das Gemüt, schenkt Leichtigkeit), Kamille, Gänseblümchen, Wegwarte, Johanniskraut und Storchschnabel.

Und welche Symbole stehen für dich im Mittelpunkt zum Thema «Humor»?

7. Die Liebe

7.1. Alles verbindend – mit dem Herzen sehen

Liebe ist das Wichtigste im Leben. Die Liebe für mich, für andere und die Welt. Und dass es auf der anderen Seite für mich immer wieder eine Übung und eine Herausforderung ist, Liebe zu leben. Mich nicht von Wut und Enttäuschung leiten zu lassen. Und schlussendlich zu versuchen, auch jenen Menschen mit Liebe zu begegnen, die anders denken.

Liebe gab es schon immer. Seit es Menschen gibt. Sie war schon immer da und sie fängt bei uns selbst an. Sich selbst zu lieben ist die Grundvoraussetzung, um andere lieben zu können und geliebt zu werden. Ich spiegle mich in meinem Umfeld, in anderen Menschen.

Es kann nie genug Liebe geben. Zu wenig schon. Wenn zu wenig Selbstliebe vorhanden ist oder wenn ein Kind nicht geliebt wurde und das Gefühl bekam, unerwünscht zu sein, ist seine Seele verletzt und braucht Heilung.

Verbundenheit und Liebe braucht Berührung. Wie schön ist es doch, jemanden zu umarmen, eine Hand zu halten und über Haut zu streichen, sich so mit dem Körper ganz nahe zu sein. Berühren und berührt werden ist ein Grundbedürfnis von Lebewesen.
Wenn ich mit dem Herzen sehe, bin ich mit anderen Menschen verbunden. Ich betrachte sie liebevoll und wertschätzend. Ich betrachte mich selbst liebevoll und wertschätzend. Ich gehe liebevoll mit anderen um, auch mit der Natur und anderen

Lebewesen. Die Liebe verbindet mich mit der Erde, mit dem Sein, mit dem Universum, mit anderen Menschen und mit meinem Inneren.

Vielleicht mag es auf den ersten Blick seltsam erscheinen, dass ich in diesem Kapitel etwas über den Tod schreibe. Ich musste in meinem Leben bereits mehrere Menschen loslassen, gehen lassen. Bei älteren Menschen konnte ich dies als den normalen Lauf der Dinge akzeptieren. Bei jungen Menschen stellte es mich jedoch vor eine grössere Herausforderung, damit umzugehen. Das «Warum?» war viel zentraler. Auch wenn ich weiss, dass es sich beim Tod um einen Übergang in eine andere Energieform handelt, der Tod auch eine „Wiedergeburt" bedeutet, und mir die Seelen immer noch ab und zu begegnen, hier nah bei mir sind, vermisse ich sie immer noch. Ich war traurig, wenn ich einen lieben Menschen gehen lassen musste. In der Trauer wurde mir bewusst, dass ich oft auch weinte aus Dankbarkeit für die schönen Dinge, die wir zusammen erlebt hatten.

Aber, und deshalb passt das Thema in dieses Kapitel: Ich glaube, dass wir durch die Liebe miteinander verbunden sind. Die Liebe überwindet den Tod und bleibt bestehen, sie geht nicht verloren.

Liebe verbindet, und wir können sie verschenken. Eine sehr schöne Übung dazu habe ich in der Yoga-Praxis kennengelernt. Suche dir einen ruhigen Ort, setze dich bequem hin, nimm dir Zeit und schliesse deine Augen für diese Übung.

«Verbinde dich mit einer Person, welche Freude zeigte über einen Erfolg. Verbinde dich im Herzen mit dieser Person, dieser Freude, die sie zeigte. Visualisiere sie vor deinem geistigen Auge. Wünsche ihr:

'Möge deine Freude über deinen Erfolg weitergehen, dich ausfüllen, dich strahlen und leuchten lassen. Möge die Liebe zu dir und zu allem was du tust anhalten. Möge deine Freude dich für immer begleiten'. Denke mit Liebe an diese Person und lass die Liebe durch dein Herz zu ihr strömen».

Als Variante: Verbinde dich mit einer Person, welche du nicht so gut kennst. Oder versuche diese Übung mit dir selber, stelle dich ins Zentrum. Wiederhole die ganze Übung in verschiedenen Varianten.

7.2 Beziehungen und Bedürfnisse

Wenn ich über den Umgang mit meinen Beziehungen und meinen Bedürfnissen in diesem Zusammenhang nachdenke, fallen mir verschiedene Aspekte dazu ein. Oder eben: unterschiedliche Bedürfnisse. Und ich kann eine Liste von Dingen erstellen, die mich glücklich machen und die beschreiben, wie ich Gemeinschaft und soziale Kontakte leben will. Hier schaffe ich mir – durch meinen Gestaltungsspielraum – das, was ich von Herzen gerne mag. Ich mag beides: allein sein und im Kontakt mit anderen. Oft passiert es mir, dass ich etwas vorhabe oder auf dem Weg irgendwohin bin, und jemanden antreffe, beginne, mit ihm zu plaudern und dabei die Zeit vergesse. Einfach weil ich es mag, mich auszutauschen. Oder wenn ich mit Menschen, die ich gerne habe, an einem grossen Tisch sitze. Diesen Moment möchte ich manchmal «einfrieren» können. Kennst du das auch? Wenn sich ein «Wir-Gefühl» einstellt, wenn du mit Menschen zusammen bist? Wenn du das Gefühl hast von Zugehörigkeit und «zusammen sind wir stark»?

Wenn sich eure Energien miteinander verbinden und du begreifst, dass das «Ganze mehr ist als die Summe seiner Teile»?

Wenn wir über Liebe und Beziehung sprechen, ist da natürlich auch noch die Paarbeziehung. Es ist schön, einen Menschen zu finden, mit dem man ganz viel Zeit verbringen kann. Sich aufeinander zu verlassen, füreinander da zu sein. Den Alltag und die besonderen Momente zu teilen. Treue Gefährten zu sein, und das vielleicht für viele Jahre. Wie auch immer du diesen besonderen, einen Menschen nennst, für den du dich entschieden hast und mit dem du deine Zeit verbringen und «teilen» willst – es ist etwas Besonderes und Kostbares.

Die Liebe in der Paarbeziehung verändert sich. Vom Anfang mit Herzklopfen und überwältigenden Gefühlen entwickelt sie sich mit der Zeit zu einer anderen Art von Liebe weiter. Es ist, als ob man ein «Gegenstück» zu sich selbst gefunden hätte und sich in diesem Gegenüber spiegelt. Man schaut in die Augen des anderen, fühlt sich aufgehoben, verstanden, geliebt und vertraut. Es gibt Momente, in denen ich das Gefühl habe, ich weiss nichts über die Liebesbeziehung, und dann gibt es Momente, in denen ich fast alles darüber weiss. Wie würdest du die Liebe zu deinem Partner, deiner Partnerin beschreiben? Wann hast du dich ihr oder ihm zuletzt mitgeteilt, wann habt ihr über euch und eure Beziehung gesprochen? Passend dazu ein Text aus dem Buch «Das Herz und seine heilenden Pflanzen» von Wolf Dieter Storl, der erklärt, was mit unseren Hormonen geschieht, wenn wir lieben:

«*Im menschlichen Organismus wird Oxytocin nicht nur im Gehirn, sondern auch im Herzen gebildet. Nicht nur das Hirn, sondern auch das Herz schüttet das Hormon beim liebevollen Blick in die Augen, bei der Umarmung, beim Liebesspiel und dessen Höhepunkt aus. Dieser biochemische Botenstoff wird auch Bindungshormon genannt, er stärkt das Vertrauen und fördert soziale Bindungen. Einen wichtigen Einfluss hat das Hormon zudem bei der Geburt, und unterstützt die Bindung zwischen Mutter und Kind.*»

Etwas vom Schönsten ist für mich die Liebe zum eigenen Kind. Wie B.K.S. Yengar in seinem Buch «Licht fürs Leben» so schön beschreibt: «*Das Einzelne und Spezielle ist das Tor zum Allgemeinen und Universellen. Eltern und im Besonderen Mütter lernen durch die Liebe zu ihren Kindern, die ganze Menschheit in die Arme zu schliessen.*»

So zentral und elementar ist also die Liebe, und so wichtig ist es, dass wir uns ihrer immer wieder bewusst werden, damit wir sie leben und fliessen lassen können. Gerade in bewegten Zeiten ist dies manchmal eine Herausforderung für mich. Hier eine Übung, um die Oxytocin-Bildung anzuregen und das Verständnis füreinander zu fördern:

Die Augen schliessen und sich die ganze Kopfhaut mit den Fingerspitzen massieren. Dies ein paar Minuten anwenden und dazu ruhig atmen.

7.3 Versöhnung mit sich – Versöhnung mit anderen

Sich versöhnen können ist für mich etwas Zentrales im Leben. Und das muss ich immer wieder lernen – weil es mir ab und zu schwerfällt, anderen, aber auch mir selbst zu verzeihen. Es macht Menschen glücklich und frei, wenn sie sich versöhnen können. Kennt ihr die Erzählungen von Menschen, denen es ganz wichtig war, sich kurz vor ihrem Tod noch versöhnen zu können? Und danach konnten sie loslassen und friedlich gehen.

Bei mir stelle ich fest, dass ich immer wieder daran arbeiten will, mich versöhnen und verzeihen zu können. Ich finde, es ist eine «hohe Schule», dies zu lernen. Manchmal denke ich sogar, mich versöhnen zu lernen ist eine meiner Lebensaufgaben. Ich habe darin schon viel gelernt, aber ich werde immer wieder mit diesem Thema konfrontiert.

Es gilt, dass wir innerlich zur Ruhe kommen und friedlich sind, mit uns Frieden schliessen. Frieden fängt bei uns selbst an und so können wir den Frieden auch nach aussen tragen. Wenn wir uns eine liebevollere Welt wünschen, dann müssen wir bei uns selber damit beginnen, in unserem Umgang mit uns und der Welt.

7.4 Kinder

Wer mit Kindern zu tun hat weiss, wie sie ihre Liebe zeigen können. Ihre Liebe zu Tätigkeiten, mit denen sie sich gern beschäftigen, und wie sie mit ganzem Herzen dabei sind. Wie sie anderen Menschen zeigen können, dass sie sie in ihr Herz geschlossen haben. Kennt ihr das Gefühl, wenn ihr mit der Familie auf einem Spaziergang seid und sich eine kleine Hand vertrauensvoll in eure schiebt? Diese Geste sagt so viel aus. Ich wünsche mir, dass wir solche Dinge beibehalten können, auch wenn wir erwachsen sind.

Dazu fällt mir eine Geschichte ein:

Vor ein paar Jahren war ich im Hallenbad. Ich sass am Beckenrand und schaute einer Gruppe Kindern zu, welche sich aufs Sprungbrett wagten. Vielleicht zum ersten Mal. Sie tappten zuvorderst zum Brett, quirlig und aufgeregt. Dann kam der Sprung ins Wasser und sie tauchten wieder auf. Als sie aus dem Wasser stiegen, schüttelte sich der ganze Körper vor Freude, das ganze Wesen schien erfüllt von diesem Erlebnis. Kichernd, zappelnd und strahlend gingen sie erneut zum Sprungbrett. In diesem Moment fragte ich mich, wo diese Freude bei uns Erwachsenen geblieben ist? Wir waren ja auch einmal so, also muss diese Fähigkeit noch vorhanden sein. Ist es nicht unsere Aufgabe, diese Dinge wieder zu trainieren und darauf zu achten? Ich bin überzeugt, dass wir dies können. Wir können von den Kindern lernen und ihnen etwas mitgeben.

Im Lied «The greatest Love of all» von Whitney Houston (Original von George Benson, Text & Musik von Michael Masser und Linda Creed) heisst es:

I believe the children are our future
Teach them well and let them lead the way
Show them all the beauty they possess inside
Give them a sense of pride to make it easier
Let the children's laughter remind us how we used to be

Everybody searching for a hero
People need someone to look up to
I never found anyone who fulfill my needs
A lonely place to be
And so I learned to depend on me

I decided long ago
Never to walk in anyone's shadows
If I fail, if I succeed
At least I'll live as I believe
No matter what they take from me
They can't take away my dignity

Because the greatest love of all
Is happening to me
I found the greatest love of all
Inside of me
The greatest love of all
Is easy to achieve
Learning to love yourself
It is the greatest love of all

Übersetzung:

Ich glaube, die Kinder sind unsere Zukunft
Lehre sie gut und lass sie den Weg weisen
Zeige ihnen die ganze Schönheit, die sie in sich tragen
Gib ihnen ein Gefühl von Stolz, um es einfacher zu machen
Lass das Lachen der Kinder uns daran erinnern, wie wir früher waren

Jeder, der nach einem Helden sucht

Die Leute brauchen jemanden, zu dem sie aufschauen können
Ich habe nie jemanden gefunden, der meine Bedürfnisse erfüllt
Ein einsamer Ort zu sein
Und so habe ich gelernt, mich auf mich zu verlassen

Ich habe mich vor langer Zeit entschieden
Niemals im Schatten von jemandem zu gehen
Wenn ich versage, wenn ich Erfolg habe
Zumindest werde ich so leben, wie ich glaube
Egal was sie mir wegnehmen
Sie können mir meine Würde nicht nehmen

Weil die grösste Liebe von allen
Geschieht mir
Ich fand die grösste Liebe von allen
In mir drin
Die größte Liebe von allen
Ist leicht zu erreichen
Zu lernen, sich selbst zu lieben
Dies ist die grösste Liebe von allen

7.5 Lieblingstätigkeiten, Lieblingsmenschen, Lieblingsmusik, etc.

7.6 Fragen, welche dich stärken können

- Welche Tätigkeiten liebst du ganz besonders?
- Welches sind deine «Lieblingsmenschen»?
- Was tust du leidenschaftlich gern?
- Wer hat einen besonderen Platz in deinem Herzen?
- Wem hast du verziehen?
- Gibt es einen Menschen, mit dem du dich schon lange versöhnen willst? Wenn ja, wann hast du dies vor?
- Womit verschönerst du dir deinen Alltag?
- Wen liebst du?
- Wie würdest du für dich Liebe beschreiben?

7.7 Bilder, Symbole, passende Steine und Heilkräuter

Bilder und Symbole: Natürlich das Herz, dieses grossartige Symbol für die Liebe, welches von vielen Menschen verstanden wird. Dann das keltische Symbol für Liebe, der keltische Knoten, der die ewige Verbindung darstellt. Die Rose, die Taube und natürlich Amor, welcher seine Pfeile zielgenau schiesst.

Steine: Passende Steine sind Kunzit, Smaragd, Bernstein und die Pyritsonne. Um das Herz eines anderen Menschen zu öffnen, eignen sich der Rosenquarz und der Zoisit. Der Rubin sagt, «was für ein Glück, dass ich dich gefunden habe» und der Thulit fördert die Erotik.

Heilkräuter: Es gibt sehr viele Pflanzen, welche den Liebeszauber erhöhen, uns gefühlvoller machen oder das Herz stärken*. Um nur ein paar zu nennen: Hexenkraut (Lat. Circaea lutetiana), Weissdorn, Königskerze, Rosmarin, Schlüsselblume, Arnika und Zitronenmelisse. Borretsch, Erdmandel, Waldmeister. Speziell erwähnt sei die Muskatnuss, welche eine aphrodisierende und anregende Wirkung hat.

Wolf Dieter Storl hat dem Thema ein ganzes Buch gewidmet: «Das Herz und seine heilenden Pflanzen», erschienen im AT Verlag.

Und welche Symbole für die Liebe kennst du, sind dir wichtig?

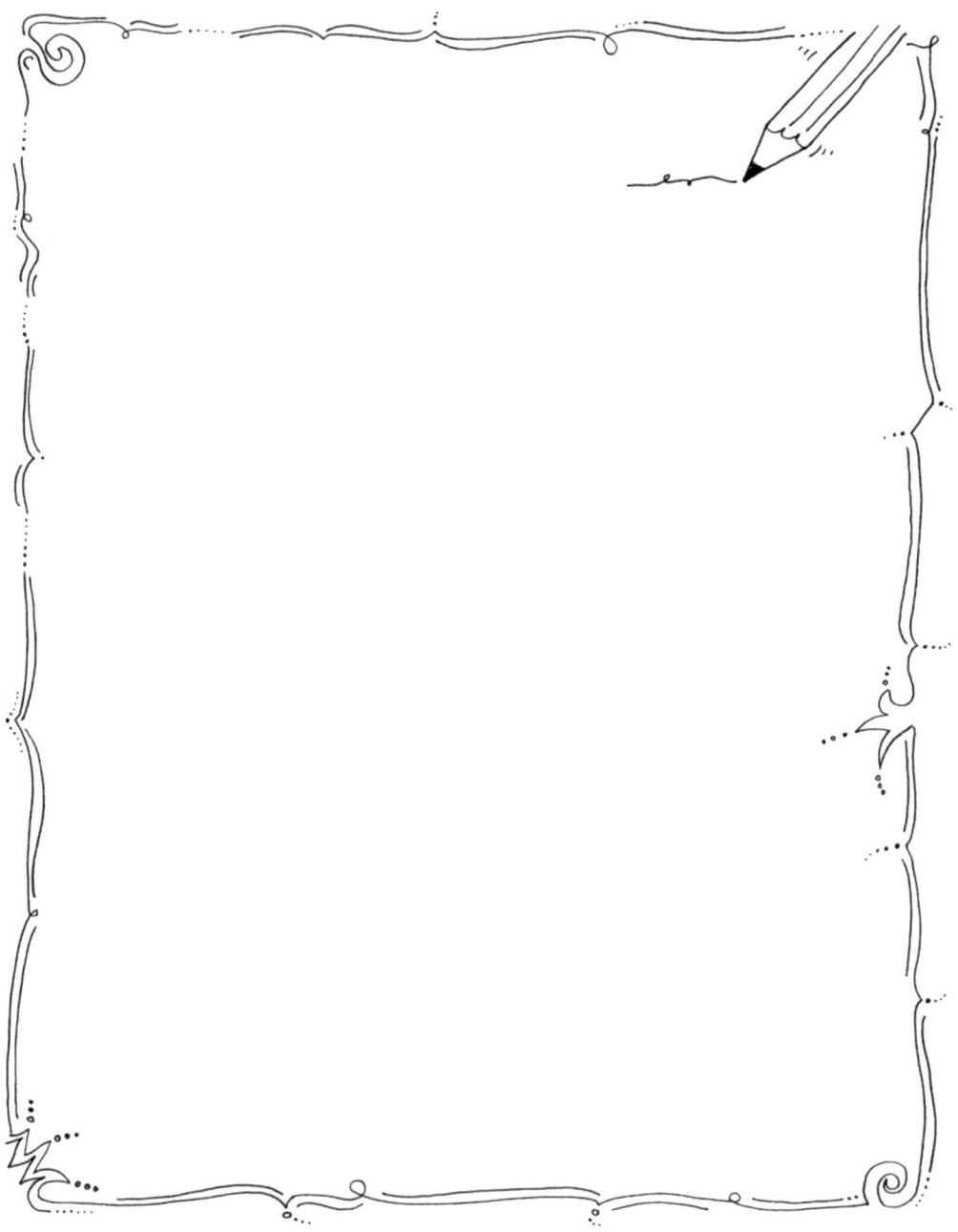

8. Vertrauen in sich und das Leben haben

8.1 Die Bedeutung von Vertrauen

Ich frage mich, ob Vertrauen und Liebe dasselbe sind. Liebe ist ein Gefühl. Aber Vertrauen? Ich kann mich dafür entscheiden, jemandem Vertrauen zu schenken. Wenn ich mich geborgen und aufgehoben fühle, hat das mit Vertrauen zu tun. Oder ich lasse meine Sicherheit los und begebe mich ins Ungewisse, aber trotzdem mit Vertrauen.

Ist Vertrauen bei einem Neugeborenen einfach da oder muss es zuerst aufgebaut werden? Wir wissen, wie wichtig es ist, dass Kinder ein Urvertrauen entwickeln oder bewahren können. Durch körperliche Nähe, Geborgenheit und umsorgt werden von den Eltern wird dieses gestärkt.

8.2 Ein Teil der Welt und des Universums sein

Wir sind ein Teil des Universums und schon deshalb aufgehoben. Unser Dasein hat eine Bestimmung, einen Sinn. Wenn wir begreifen, dass wir ein Teil von allem sind, dann begreifen wir die Liebe und die Verbundenheit. Dann gibt es nur dieses Gefüge, und wir brauchen nicht nach einem Sinn zu suchen. Wir SIND einfach, und dies genügt. Und wenn wir alle dies begreifen, sind alle Menschen gleich und es gibt nur noch Liebe. Wir sind einzigartig, wertvoll und leben in Resonanz mit der Umwelt. Wie im Innen, so im Aussen.

Was für mich besonders gut zu diesem Kapitel passt, ist ein Text des US-amerikanischen Astronoms und Astrophysikers Carl

Sagan. Der Text entstand aufgrund eines Fotos mit dem Namen «Pale Blue Dot» (englisch für *blassblauer Punkt*). Das Foto zeigt die Erde und wurde auf Anregung von Sagan von der *Raumsonde Voyager 1* aus einer Entfernung von etwa 6 Milliarden Kilometern aufgenommen. Das Bild entstand am 14. Februar 1990 als Teil einer Serie von 60 Bildern. Die Serie enthält neben Abbildungen der Sonne auch Bilder von sechs Planeten.*

Carl Sagan schrieb zu dem Bild:

«Es ist uns gelungen, dieses Bild [aus dem tiefen Weltraum] aufzunehmen, und wenn man es betrachtet, sieht man einen Punkt. Dieser Punkt ist hier. Er ist unser Zuhause. Wir sind das. Darauf hat jeder, von dem ihr je gehört habt, jeder Mensch, der je gelebt hat, sein Leben gelebt. Die Gesamtheit all unserer Freuden und Leiden, von tausenden von sich selbst überzeugten Religionen, Ideologien und ökonomischen Doktrinen, jeder Jäger und Sammler, jeder Held und Feigling, jeder Schöpfer und Zerstörer von Zivilisationen, jeder König und Bauer, jedes verliebte junge Paar, jedes hoffnungsvolle Kind, jede Mutter, jeder Vater, jeder Erfinder und Entdecker, jeder Lehrer der Moral, jeder korrupte Politiker, jeder Superstar, jeder oberste Führer, jeder Heilige und Sünder in der Geschichte unserer Spezies lebte dort, auf einem Staubkorn in einem Sonnenstrahl.

Die Erde ist eine sehr kleine Bühne in einer riesigen kosmischen Arena. Denken Sie an die Ströme des von all diesen Generälen und Kaisern vergeudeten Blutes, auf dass sie in Herrlichkeit und Triumph für einen Moment Meister eines Bruchteils dieses Punktes würden. Denken Sie an die endlosen Grausamkeiten, die von den Bewohnern einer Ecke des Punktes an kaum unterscheidbaren Bewohnern einer anderen Ecke des Punktes begangen wurden. Wie häufig ihre Missverständnisse sind, wie eifrig sie darin sind, einander zu töten, wie glühend ihr Hass ist. Unser [stolzes] Posieren, unsere eingebildete Wichtigkeit, unser Irrtum einer privilegierten Position im Universum wird von diesem blassen blauen Punkt hellen Lichts in Frage gestellt.

Unser Planet ist eine einsame Flocke in der grossen umhüllenden kosmischen Dunkelheit. In unserer Dunkelheit – in all dieser Weite – gibt es keinen Hinweis, dass Hilfe von anderswo kommen wird, um uns vor uns selbst zu retten. Man sagte, dass Astronomie einen bescheiden mache, und ich könnte hinzufügen, dass die Beschäftigung damit eine charakterbildende Erfahrung ist. Meiner Meinung nach gibt es vielleicht keine bessere Demonstration der Dummheit der menschlichen Einbildung als dieses ferne Bild von unserer kleinen Welt. Für mich unterstreicht sie unsere Verantwortung, freundschaftlicher und mitleidsvoller miteinander umzugehen und diesen blassblauen Punkt, das einzige Zuhause, das wir je gekannt haben, zu bewahren und zu pflegen.»

*Übersetzter Text aus dem Buch „Carl Sagan, Pale Blue Dot, A Vision of the Human Future in Space".

Der Text ist für mich so berührend, weil die Erde aus dieser Entfernung einerseits grossartig ist, aber gleichzeitig auch klein und beinahe unbedeutend. Dieser Punkt, der im unendlichen Blau beinahe verschwindet. Und trotzdem so wichtig, für jeden von uns. Aus unserer Perspektive ist die Erde unsere Heimat, jeder Mensch ist wichtig, Teil eines grossen Ganzen und verbunden miteinander als Menschheitsfamilie.

Das Gefühl, welches Sagan mit seinem Text bei mir erzeugt, macht mich demütig und bescheiden, aber auch dankbar. Und bestärkt mich im Wissen um die Kraft, welche im Gemeinsamen liegt. Dass wir, wenn wir uns in Gedanken, aber auch in «Echt» – physisch – mit anderen Menschen zusammentut, eine Energie erzeugen können, die gewaltig ist. Wie ein Licht, welches leuchtet.

Wer kennt das Lied «You'll never walk alone»? Berühmt vor allem, weil es von den Liverpool-Fans vor einem Fussballspiel im Stadion gesungen wird. Der Text und die Komposition stammen von: *Rodgers & Hammerstein. Interpreten: "Gerry and the peacemakers".*

When you walk through a storm
Hold your head up high
And don't be afraid of the dark

At the end of a storm
There's a golden sky
And the sweet silver song of a lark

Walk on through the wind
Walk on through the rain
Though your dreams be tossed and blown

Walk on, walk on
With hope in your heart

And you'll never walk alone
You'll never walk alone
Walk on, walk on
With hope in your heart
And you'll never walk alone

You'll never walk alone

Übersetzung:

Wenn du durch einen Sturm gehst
Halte deinen Kopf hoch und fürchte dich nicht vor der Dunkelheit
Am Ende des Sturms ist ein goldener Himmel
Und das süße, silberhelle Lied einer Lerche

Gehe weiter durch den Wind
Gehe weiter durch den Regen
Auch wenn sich alle deine Träume in Luft auflösen.
Geh weiter, geh weiter,
Mit Hoffnung in deinem Herzen
Und du wirst niemals alleine gehen
Du wirst niemals alleine gehen

Geh weiter, geh weiter,
Mit Hoffnung in deinem Herzen
Und du wirst niemals alleine gehen
Du wirst niemals alleine gehen

8.3 Was glaubst du?

Glaubst du an Gott? Eine höhere Macht? Glaubst du an mehrere Götter? An Lichtwesen, an Engel, eine geistige Welt? Deine Einstellung und dein Glaube haben einen Einfluss darauf, wie du vertraust, liebst, wie du dein Leben lebst. Es ist schön, sich aufgehoben zu fühlen im Leben, einen Boden unter den Füssen zu spüren und Wurzeln zu haben. Es gibt eine schöne Übung, die du vielleicht kennst: Stelle dir einen silbernen Faden vor, der dich nach oben mit dem Himmel verbindet, mit der geistigen Welt, und dich aufrecht hält. Und gleichzeitig spüre, wie stark deine Füsse mit der Erde verbunden sind und dich halten. So gehalten brauchst du nichts zu fürchten. Du bist erwünscht auf dieser Erde und hast die Aufgabe, dich zu entfalten und Licht zu bringen.

8.4 Lebenssinn, Lebensziel, Aufgabe

Jemand hat einmal zu mir gesagt, «der Sinn des Lebens ist das Leben selbst». Das finde ich so schön und passend für mich. Es ermöglicht mir, im Hier und Jetzt zu sein. Nicht ruhelos auf der Suche zu sein, sondern zu sehen, dass alles, was jetzt gerade geschieht, wichtig ist, und dass die Art, wie ich handle, entscheidend ist. Dass der Umstand, dass ich hier bin und lebe, bereits der Sinn ist.

So gesehen gibt es für mich persönlich nicht einfach «das Lebensziel» oder «die Lebensaufgabe». Sondern sie bestehen aus vielen kleinen Dingen. Dem Lernen, dem weise werden, der Liebe, der Aufmerksamkeit, der freudvollen Tätigkeit.

Natürlich begleitet auch mich die Frage, was meine Aufgaben sind im Leben. Und was antworte ich mir auf diese Frage? Es gibt Dinge, Aufgaben, die ich schon erledigt habe, die mir zur Gewohnheit geworden sind, die mich begleiten und ein Teil meiner Haltung und meines Handelns sind. Wie die Überzeugung, dass es wichtig ist, für andere da zu sein, mich und andere gern zu haben, anderen mit Respekt und Toleranz zu begegnen. Und dann gibt es da noch Aufgaben, die immer wieder an mich herantreten. Es kommen neue Herausforderungen dazu. Eine weitere Überzeugung ist, dass ich lernen will und immer wieder hinterfrage – dass ich nicht aufhöre, Fragen zu stellen.

Wie gelingt es uns, weniger zu urteilen, zu werten? Vor allem über Menschen, welche wir nur aus der Ferne, aus Zeitungsberichten oder vom Hörensagen kennen? Ohne Vorannahmen auf andere zuzugehen und offen sein für andere Ansichten?

Wenn es uns als Menschen gelingt, einander mit Respekt und Achtung zu begegnen, die Verbundenheit herzustellen und uns als Menschheitsfamilie wahrzunehmen, dann gibt es nur noch Liebe.

8.5 Passende Fragen

- Welches ist die schönste Aufgabe, die du in deinem Leben übernommen hast?
- Wie entscheidest du dich für einen Weg?
- Wer begleitet dich schon seit Jahren?
- Was bedeutet für dich der «Sinn des Lebens»?
- Was ist deine kühnste Hoffnung in Bezug auf deine Pläne für die nächsten drei Monate?

8.6 Bilder, Symbole, passende Steine und Heilkräuter

Bilder und Symbole: Auch hier wieder die Eiche, der Weltenbaum, die Blume des Lebens und die Birke, welche bereits den Germanen heilig war. Sie steht für Neuanfang, frisches Leben und Lichthaftigkeit. Und somit für das Vertrauen in den Prozess des Lebens, in Werden und Vergehen, Loslassen und Neubeginn.

Steine: Zum Glauben an eine höhere Macht passen der Sugilith und der Amethyst. Maria Tramèr von Steincreationen machte mich zudem auf den Namen des «Kristalls» aufmerksam. Der Kristall, so klar und rein im Aussehen und der Name, welcher auch wie «Christ – All» verstanden werden kann. Der Achat gibt Raum für Sicherheit und Vertrauen, unterstützend zum Vertrauen wirken Chrysokoll und Lapislazuli.

Heilkräuter: Die vitalisierende und stärkende Brennnessel, Knoblauch stärkt das Herz, Ginseng gilt als besonders lebensspendend.

Welche Bilder und Symbole sind für dich wesentlich zum Thema Vertrauen?

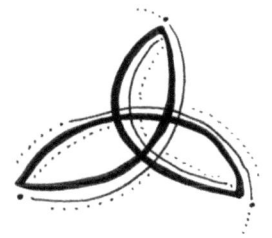

9. Dankbarkeit

9.1. Sich verneigen

Dankbarkeit macht glücklich. Sich bei anderen bedanken ebenfalls. Dankbarkeit dem Leben gegenüber, sich verneigen vor der Natur, Mutter Erde, dem göttlichen in jedem von uns. Dankbar sein sich selbst gegenüber. Wir sollten uns jeden Tag bewusst werden, wofür wir dankbar sind und dankbar sein können. Wie grossartig ein Mensch als Wesen ist, mit einem Organismus, der bis ins kleinste Detail funktioniert. Denken wir nur an uns und all unsere Fähigkeiten, an alles was uns ausmacht als Wesen, mit allem Denken, Fühlen und Sein. Dies macht uns dankbar uns selbst gegenüber. Jedes Wesen, jede Pflanze zeigt die Schönheit und Komplexität der kosmischen Intelligenz, bringt diese zum Ausdruck – und wir sind ein Teil davon. Wir müssen lernen, diese Schönheit im Innen wie im Aussen zu sehen und dafür dankbar zu sein.

Wenn wir uns vor Augen führen, wie wunderbar die Welt mit all ihren Lebewesen ist, welche auf diesem Planeten sind, und wie ausgeklügelt das System, das ineinander greift und in dem alle füreinander da sind, dann gelingt es uns, dankbar zu sein und Sorge zu tragen. Zu uns und zu allem. Dankbarkeit öffnet die Augen und macht demütig und bescheiden.

9.2. Ausdruck von Dankbarkeit

Dankbar zu sein, ist für mich etwas vom Schönsten. Dank auszudrücken. Mich dankbar zu verneigen vor uns und vor der Welt. Lass Liebe durch dein Herz strömen, verbinde dich in Dankbarkeit mit Mutter Erde. Mit deinen Vorfahren, mit allen

Lebewesen. Leuchte und strahle mit deinem Licht. Zeig Dankbarkeit dir selbst gegenüber. Verneig dich vor der Natur und dem Universum, dem göttlichen in dir und dem göttlichen in jedem anderen Menschen. Erlebe dich selbst als Teil des grossen Ganzen, in dem du zugehörig und eingebettet bist.

Wenn du, als du ein Kind warst, deinem heutigen Ich begegnet wärst, hättest du dich gefreut über diesen Menschen, der du nun bist? Hätte er dich beeindruckt?

9.3. Gutes tun und darüber sprechen

Wenn wir unsere Talente dafür einsetzen, Gutes zu tun, sollten wir auch darüber sprechen, denn Gutes tun macht glücklich, wenn es mit Achtsamkeit geschieht und auch gewollt wird. Die Reise geht zuerst in mein Inneres, denn die Dankbarkeit beginnt hier. Ich erlebe es so: Damit ich echte Dankbarkeit zeigen kann, brauche ich ein Bewusstsein von dem was ist und was ich in mir fühle. Damit die Dankbarkeit von innen kommt, aus meinem Herzen, und nicht einfach aus Pflichtbewusstsein geschieht, weil ich «ein guter Mensch sein will».
Und wenn wir Dankbarkeit in unserem Innern spüren, können wir sie auch nach Aussen tragen. Nicht nur denken, sondern auch aussprechen und weitergeben.

9.4 Wem bist du dankbar? Leere Seite zum Füllen

9.5 . Briefe schreiben

Wann hast du zum letzten Mal einen Brief geschrieben? Vielleicht sogar von Hand? Einen wichtigen Brief, in dem du jemandem deine Dankbarkeit gezeigt hast? Wenn es schon lange her ist: Jetzt ist es Zeit dafür. Sag, was du denkst, schreib deine Gedanken nieder und sende diesem Menschen, dem gegenüber du Dankbarkeit verspürst, diesen Brief. Es können auch nur wenige Worte sein, aber von Herzen geschrieben.

Wenn du magst, kannst du auch einen Brief an dich selbst schreiben und ihn immer wieder lesen.

9.6 . Passende Fragen

- Wem bist du dankbar?
- Wann hast du zum letzten Mal Dankbarkeit dir selbst gegenüber gespürt? Und was hast du dabei erlebt?
- Wann hast du zum letzten Mal Dankbarkeit gezeigt? Und was hast du dabei erlebt?
- Was hat dich heute an dir selbst beeindruckt? An einem anderen Menschen? Hast du es gesagt?
- Mein nächstes Geschenk geht an: …
- Und hier eine Idee, als «Geschenk» für dich: Was wolltest du schon immer einmal gefragt werden? Und wer könnte das übernehmen?

9.7 . Bilder, Symbole, passende Steine und Heilkräuter

Bilder und Symbole: Verneigung, die Hand reichen, Blumen überreichen, Geschenke machen, Lob und Wertschätzung weitergeben als Zeichen von Dankbarkeit. Das «Anjali-Mudra», das Aneinanderlegen der Handflächen auf Herzhöhe, welches für Ehrerbietung und Gruss steht.

Steine: Als Steine für Dankbarkeit eignen sich der Sugilith und der grüne Turmalin. Der Covellin macht zugänglich für Komplimente und Lob.

Heilkräuter: Unter anderem der Schachtelhalm, welcher vieles wieder ins Lot bringt, Ringelblume, Lavendel (auch um einen Brief zu parfümieren), Rose, Kamille.

Welches sind aus deiner Sicht die kraftvollsten Bilder und Symbole für Dankbarkeit?

10. Worauf wartest du noch?

Es gibt viele Menschen, die auf etwas warten. Sie verschieben Dinge, die sie tun wollen, auf später, und warten, dass der richtige Zeitpunkt kommt, um sie umsetzen zu können. Aber der Moment ist jetzt, und wir sollten uns nicht aufhalten lassen. Natürlich müssen wir manchmal auf den richtigen Moment warten. Aber ich bin überzeugt, dass wir uns oft aufhalten lassen und für uns wichtige Dinge verschieben, weil wir denken, keine Zeit dafür zu haben. Und so rennen wir Verpflichtungen, Wünschen und Vorstellungen hinterher und verpassen das Hier und Jetzt.

Und denken wir daran: Wenn wir uns verändern, verändert dies auch die Welt. «Be the change you want to see in the world», wie Gandhi sagte. Es nützt nichts, darüber zu klagen, was andere tun oder besser machen sollten. Wir können nur bei uns selbst etwas verändern, wir haben es in der Hand.

Deshalb hast du Raum, um deine Wunschliste zu erstellen, Pläne zu schmieden und dir deine Projekte aufzuschreiben. Skizziere deine Ideen, pack Neues an. Am Anfang einer Veränderung steht der Gedanke, eine Vision, passend zu dem Zitat von Leonardo da Vinci: «Binde deinen Karren an einen Stern». Du lebst hier, jetzt und heute, du bist. Es ist Zeit, dein Leben voll und vollkommen zu leben. Was wird, wird kommen.

10.1. Wunschliste, Pläne, Projekte

10.2. Einfach tun

Wann wenn nicht jetzt? Wenn nicht du, wer dann? Du bist die Person, auf die du immer gewartet hast…
Welches sind deine nächsten Schritte hin zur erwünschten Zukunft?

10.3. Passende Übung: Lege dir Sterne auf deinen Weg

Eine Übung, um Pläne und die Ressourcen zu visualisieren. Du kannst die Übung alleine durchführen. Wertvoller ist es, wenn du jemanden bittest, dich durch die Übung zu führen.

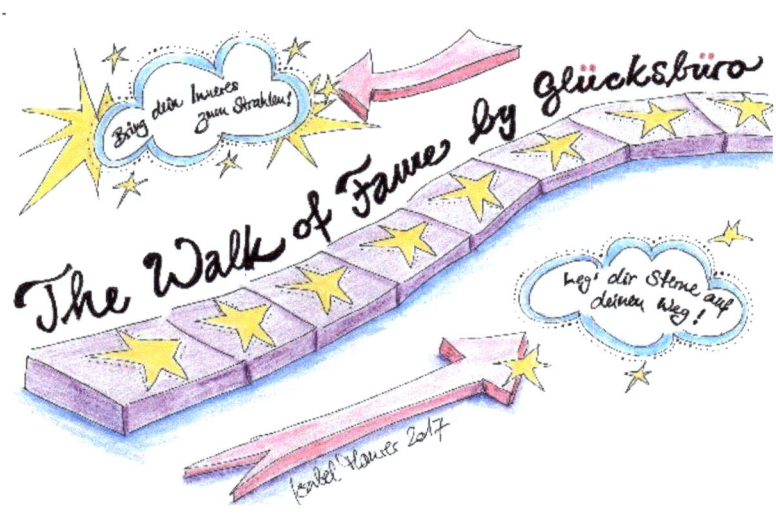

Die Idee und Absicht der Übung
- Sicherheit gewinnen im Umsetzen von Projekten und Ideen, Übernehmen von neuen Aufgaben und Veränderungswünschen
- Selbstvertrauen stärken
- Ressourcen sichtbar machen und verankern
- Fokus auf das richten, was bereits gelingt

Benötigtes Material

- Papier, farbige Stifte
- Einen grossen Raum und etwa eine Stunde Zeit

Ablauf der Aufgabe

Der Gecoachte nennt das Anliegen, die Frage. Worin möchte er oder sie mehr Sicherheit gewinnen? Auf Grund dessen werden nebeneinander verschiedene Sterne gezeichnet, die für Situationen und Gegebenheiten stehen, die auf dem Weg zum Erreichen der genannten Ziele Sicherheit bieten können. Womit kann ich mich «rühmen»? Wo sehe ich Dinge, welche bereits gelingen, worauf kann ich bauen und stehen? Die Sterne werden am Boden ausgelegt. Der Coach führt den Gecoachten, der auf seinen Sternen steht und spürt, wie er sich dabei fühlt und was ihm sonst noch einfällt, um mehr Sicherheit auf diesem Weg zu erlangen.

Nach und nach ergibt sich so ein Weg aus Sternen. Ausserhalb dessen kann (wie bei einer «Timeline»-Übung) ein Beobachtungspunkt markiert werden, um eine Metaperspektive einnehmen und den eigenen «Erfolg» würdigen zu können.

Beim gemeinsamen Kreieren des Walk sind der Phantasie keine Grenzen gesetzt. Ob er mit weiteren Symbolen ergänzt wird, ein Würfel eingesetzt wird oder ob Gegenstände zum Zug kommen, spielt keine Rolle – wie immer gibt der Gecoachte den Takt an.

Nach etwa 45 Minuten wird der Weg abgeschlossen. Wer mag, kann bei einem besonders starken «Stern» einen Anker setzen. Dann nimmt sich der Coach etwa zehn Minuten Zeit, um seine Gedanken und Reflektion zur Übung aufzuschreiben und sich eine Würdigung zurechtzulegen. Der Gecoachte schaut sich das Ganze ebenfalls nochmals in Ruhe an und schreibt sich vielleicht seine Gedanken auf oder macht Fotos seines «Walk of Fame».

Nach dem Unterbruch fragt der Coach nach, was noch Wichtiges aufgetaucht ist, und würdigt den Gecoachten aus seiner Sicht. Zum Abschluss wird ein «Futurepace» ein Blick nach Vorne in die Zukunft mit folgenden Fragen dazu: «Wie sieht die erwünschte Zukunft aus, wann kommen diese Erkenntnisse zum Tragen und wie?», «In welcher zukünftigen Situation kannst du das, was du heute gelernt hast, so gut umsetzen, dass du richtig stolz bist auf dich?» etc.

10.4. Passende Fragen: Wer willst du sein?

- Welcher Mensch bist du heute?
- Welcher Mensch willst du sein?
- Was freut dich in deinem Sein, so wie du jetzt bist?
- Welche Sterne willst du dir vom Himmel holen?
- Welche Pläne und Projekte haben dich bis jetzt am meisten beflügelt?

10.5. Bilder, Symbole, passende Steine und Heilkräuter

Bilder und Symbole: Sterne, Bäume und Pflanzen stehen für Wachstum und Veränderung. Auch hier sind Symbole wie der Bär, der Löwe, die Eiche und das Herz ermutigend. Sich «ein Herz» fassen und etwas wagen. In diesem Sinne stärkende Pflanzen und Heilkräuter: Ginseng, Herzgespann, Jasmin, Rosenwurz.

Steine: Die Farbe Violett steht für Transformation. Passende Steine sind unter anderem Sugilith, Rutilquarz, Sonnenstein und Achat (Neubeginn).

Heilkräuter: Auch hier eignen sich alle mutmachenden, (Herz-) stärkenden Pflanzen wie Borretsch, Johanniskraut, Melisse, Waldmeister.

Welche Bilder und Symbole passen für dich zum Thema Neubeginn, Pläne, Ziele?

11. Schlussendlich

Worte zum Schluss und Dank

Dies ist für mich einer der schönsten Teile des Buches: der Moment, um Danke zu sagen. Ich bin dankbar für diejenigen Menschen, welche mich seit vielen Jahren begleiten – meine Weg-Gefährtinnen und Weg-Gefährten, meine Familie. Sie bestärken und ermutigen mich. Ich bin dem Leben dankbar, dass es mich gibt und dass ich Fähigkeiten habe. Dass ich bewusst leben kann, dass es mir gelingt, liebevolle Beziehungen zu leben. Dass ich Dinge selbst in die Hand nehmen kann und die Möglichkeit habe, Neues auszuprobieren, mich manchmal zu verrennen und neue Wege einzuschlagen. Ich bin dankbar, dass ich eine Familie habe, dass ich Geborgenheit und Liebe erfahre und dass ich gelernt habe, was Vertrauen und Verlässlichkeit heisst. Ich bin dankbar, dass ich lieben kann und dass ich Zugang zu meinem Inneren finde.

Ich bin jenen Menschen dankbar, die mich ermutigt haben, dieses Buch zu schreiben. Und ich bin dankbar für die Inspirationen und Ideen, die über all die Jahre in Gesprächen entstanden und in dieses Buch eingeflossen sind. Inspiration finde ich auch in Büchern, in Mediationen und im Lernen über die Yoga-Philosophie und Yoga-Praxis, welche für mich eine wunderbare Kraftquelle darstellen und mit denen ich wachsen und mich weiterentwickeln kann. Ich bin dankbar, dass ich immer wieder herausfinde, dass viel mehr möglich ist, als ich jemals gedacht hätte.

Ich bin dankbar für die Menschen, die ich in meiner Arbeit begleiten kann, die mir ihr Vertrauen schenken und mir Wertschätzung entgegenbringen. Und mir ermöglichen, von ihnen zu lernen.

Für dieses Buch möchte ich ganz besonders Maria Tramèr von «steincreationen.ch» in Brittnau, Kanton Aargau, danken. Ihr danke ich von Herzen für die Ergänzungen mit den Steinen. Ich kann euch empfehlen, Marias wundervollem Geschäft einen Besuch abzustatten. Sie hat ein unglaublich grosses Wissen über Steine und eine herzliche, warme Wesensart, und wenn ihr Zeit habt, wird sie ihr Wissen mit euch teilen und euch beraten, wenn ihr einen passenden Stein oder Schmuck braucht.

Nicole Maron danke ich sehr für das Lektorat und ihre anregenden Fragen und Bemerkungen. Es hat sich eine wunderbare Zusammenarbeit ergeben, für die ich dankbar bin.

Jolanda danke ich für die Hilfe beim Übersetzen des Liedes von «Nek». Grazie mille!

Ich danke meinen Freundinnen und Freunden, meinem Mann und meinem Sohn, allen Menschen, die mir nahestehen. Ich bin auch jenen dankbar, die nicht mehr auf dieser Welt sind, sich schon verabschiedet haben, aber mit denen ich mich trotzdem noch verbunden fühle. Mit allen habe ich mich auf eine Reise begeben, und ich freue mich, dass ich mein Leben mit ihnen teilen kann. Es macht mich glücklich zu wissen, dass sie da sind.

Schlussendlich danke ich euch, dass ihr dieses Buch ergriffen habt und eure Gedanken und euer Tun nun Kreise ziehen.

Om Shanti, shanti, shanti. Möge der innere Frieden euch begleiten.

Isabel Maurer, 19. Mai 2022

12. Bücher, Links und Quellenangaben

Bücher

- «Licht fürs Leben»
  B.K.S. Iyengar. Hrsg. O. W. Barth
- «Jetzt! Die Kraft der Gegenwart»
  Eckhart Tolle. Hrsg Kamphausen Media GmbH
- «Brief Coaching, Ein lösungsfokussierter Ansatz»
  Chris Iveson, Evan George, Harvey Ratner. Hrsg. Solutionsurfers
- «Worte waren ursprünglich Zauber»
  Steve de Shazer. Carl Auer Verlag
- «Hilf dir selbst … mit einem Stein»
  Eliette von Siebenthal
- «Das Herz und seine heilenden Pflanzen»
  Wolf Dieter Storl. aT VERLAG
- «Wir sind Geschöpfe des Waldes»
  Wolf Dieter Storl. aT VERLAG
- «Schachtelhalm – Drachenmedizin aus der Urzeit»
  Marianne Ruoff. aT VERLAG
- «Die Kräuter in meinem Garten»
  Siegrid Hirsch & Felix Grünberger. Hrsg. Freya Verlag
- «Das Kopfkissenbuch»
  Daniel Köchli. Books on demand
- «Ihr seid Lichtwesen-Ursprung und Geschichte des Menschen»
  Armin Risi. Govinda Verlag

Links:

- steincreationen.ch, die Homepage von Maria Tramèr, die mir interessante und wertvolle Einsichten ins Heilsteinwissen gewährte. Noch mehr zu empfehlen ist ihr Geschäft, eine richtige «Schatztruhe» mit schönen Kreationen und unzähligen Steinen.
- maron.ch, die Homepage der Journalistin und Autorin Nicole Maron
- die-quelle.ch, Seminare, Workshops und Vieles mehr
- nla-schweiz.ch, Das Netzwerk der lösungsorientiert arbeitenden Coachingfachleute
- kopfkissenbuch.ch, Daniel Köchli
- zeitpunkt.ch, die Zeitschrift aus Solothurn. Herausgegeben von Christoph Pfluger

Barometer Fragebogen

Was macht mich zuversichtlich:

Isabel Maurer
Hardstr. 27
4802 Strengelbach
} → Für ✉ - Antworten ;)

Was macht mich glücklich / zufrieden; oder
was ist "Glück" für mich:

isabel_maurer@
bluewin.ch
→ freut sich
über Antworten ;)

Karten

Danke, dass Du da bist

Halt geben zusammen geniessen gemeinsam unterwegs sein lachen sich unbändig freuen wandern Weggefährten sein den Horizont erweitern andere Sichtweisen erkennen Neues erkunden sich gegenseitig stärken zusammen Atmen die Meinung respektieren Freundschaft erfahren Abenteuer erleben sich mögen und gern haben im Gleichschritt gehen Dinge teilen eigenständig denken Mut machen traurig sein Verständnis haben streiten tolerant sein den Herzschlag spüren die Hand reichen kritisch sein berührt sein zusammen stehen den Rücken stärken versöhnen mit dem Herzen verbunden sein.

Isabel – glücksbüro.ch

138

FÜR DICH

unbändig toll wie genug kriegen über-
schäumend prickelnd berührend im Moment
versinken glamourös amourös mit Pauken
und Trompeten immer wieder anstossen und sich
Gutes wünschen das Da-Sein feiern zuprosten
sich feiern lassen in die Augen schauen geniessen
pompös humorvoll still sein das Licht sein für
immer Vertrauen haben in das was wir sind im
Mittelpunkt stehen dankbar sein strahlend von
ganzem Herzen im Freundeskreis eine Runde drehen
mit offenem Herzen durch die Welt gehen
schön dass es dich gibt

HAPPY BIRTHDAY !

isabel maurer

glückskarte.ch

139

Wenn du Menschen um dich hast
welche dich mögen und schätzen.
Die dir sagen "was du tust gefällt uns",
die dir das Gefühl geben ein wertvoller
Mensch zu sein. Dann lässt dich dies
wachsen und macht dich stark.
                    Isabel – Glücksbürg

MIT DEN BESTEN WÜNSCHEN FÜR EIN
FROHES NEUES JAHR

142

GUTE WÜNSCHE FÜR EIN
NEUES JAHR

"WENN DU MENSCHEN
UM DICH HAST, WELCHE
SICH FREUEN ÜBER
DEINE ANWESENHEIT.
WELCHE SICH FÜR DEINE
GESCHICHTEN INTERESSIEREN
UND FÜR DAS WAS DU TUST.
MENSCHEN, DIE DEINE
FÄHIGKEITEN ERKENNEN UND DIR
ANBIETEN, DIESE ZU ZEIGEN.

DANN LÄSST DICH DIES
WACHSEN UND STÄRKER WERDEN."

Isabel – glücksbüro

Lasst uns zusammen feiern

...und andere Menschen akzeptieren wie
sie sind. Lasst uns einander die Hand
reichen und erkennen, dass wir alle
ein Teil der Menschheitsfamilie sind...

isabel-glücksbüro.ch

144

Manchmal sind es die kleinen
Dinge, welche zusammengenommen
ein grosses Glück ergeben. Wir
sollten dankbar sein für das, was
wir haben und mit offenen Augen
durch die Welt gehen. Und jenen
Menschen, die uns wichtig sind
sagen, dass wir sie gern haben.

Isabel – Glücksbüro